. Anonymous

**Tagebuch der Mainzer Schaubühne**

. Anonymous

**Tagebuch der Mainzer Schaubühne**

ISBN/EAN: 9783743302839

Hergestellt in Europa, USA, Kanada, Australien, Japan

Cover: Foto ©Thomas Meinert / pixelio.de

Manufactured and distributed by brebook publishing software (www.brebook.com)

. Anonymous

**Tagebuch der Mainzer Schaubühne**

# Tagebuch

der

# Mainzer Schaubühne.

———

1788.

An

Ihro Exzellenz

die

**Freifrau von Coudenhoven,**

geborne

**Gräfin von Hazfeld.**

## An das Publikum.

Ich werde mich in diesen Blättern, wovon wöchentlich ein Bogen herauskömmt, über folgende Gegenstände ausbreiten:

1) über den Werth und Unwerth der hier aufgeführten Theaterstükke.
2) über das Spiel der Schauspieler
3) über die interessantesten Karaktere in unsern vorzüglicheren Schauspielen und ihre beste Darstellung.
4) Einzelne dramaturgische Bemärkungen.
5) Anzeigen neuer Theaterschriften.
6) Hier und da, zur Abwechselung, Gedichte.

Die Bühne hat einen unverkennbaren Einfluß auf den Geschmak eines Volkes, und man sollte diese Seite um so weniger vernachläßigen, je näher das Gefühl des Schönen mit dem Gefühle des Guten gränzet. Das sicherste Mittel, sich nicht von leerem Schimmer täuschen zu lassen und kein Flittergold für ächtes hinzunehmen, ist, dünkt mich, daß man sich gewöhne, von seinen Empfindungen Rechenschaft geben zu können, und so den Geschmak zur Kritik erhöhen lerne. Es wäre Unbescheidenheit, mich hierinn zum Lehrer eines Publikums aufwerfen zu wollen, das unstreitig Sinn fürs Gute und Schöne hat; doch kann ich vielleicht hier und da Winke und Warnungen geben, die wenigstens geschikt sind, den Geist des Nachdenkens zu erwekken und zu verbreiten, und vor Abwegen zu wahren. Für Andere bleiben diese Blätter ein Repertorium, das man auch nach Jahren wieder gern durchliest, und für unsre Nachkommen, wenn sie ihr ephemerisches Leben so weit bringen sollten, ein Beitrag zur Geschichte des Fortgangs der Geisteskultur in unserm Jahrzehnd. — Die ersten Bogen werden meistens nur allgemeine Bemärkungen enthalten, aber ich hoffe in der Folge nüzlicher und interessanter zu werden, wenn ich mich über die hier aufgeführten Stükke und das Spiel der Schauspieler ausbreiten kann.

Mainz im Märzmonate
1788.

Der Herausgeber.

# Tagebuch
### der
## Mainzer Schaubühne.

### I. Stük.

---

#### Ein Wort über das Theaterwesen in Deutschland.

Wir haben in Deutschland noch kein Theater, und ich zweifle, ob wir in den nächsten zwanzig Jahren eines bekommen werden. Mich dünkt, um behaupten zu können, die Nazion habe ihr Schauspiel, müßten wir wenigstens ein Duzend Theaterstükke aufweisen können, welche das Gepräge vollendeter Kunstwerke tragen, und diese müßten von unsern Schauspielern eben so vortreflich dargestellt werden. Und wo sind unsere dramatische Meisterstükke? Wo sind unsere Trauerspiele, in denen man einen guten Plan, steigendes Interesse, richtige Haltung der Karaktere, natürlichen Dialog, wahren Ausdruk der Leidenschaften u. s. w, vereiniget findet? Wo sind unsere Lustspiele, welche die Sitten und Thorheiten der Nazion malen; denen man das inspicere tanquam in speculum in vitas hominum & ex aliis Sumere exemplum sibi — auf die Stirne schreiben könnte, die durch Züge von Welt- und Menschenkenntniß, feinen Scherz, lachende Satire, Gewandheit und Grazie des Ausdrukkes unterhalten und belehren? Wir haben nur erst Lessings Büste neben Sophokles und Shakespear aufgestellt; und doch hat er in seinem Meisterstükke, in Emilia Galloti, kaum einen Karakter — ich meine den des Marinelli ausgezeichnet, und doch ist die Entwikkelung der Katastrophe daselbst unnatürlich, die Sprache der Leidenschaft oft gesucht und witzig ꝛc. Und wie manche Auswüchse wären an unsern neuern Genieprodukten zu beschneiden? Was wir von Lustspielen erträgliches haben, mußten wir von unsern Nachbarn, den Franzosen entlehnen. Unsere Dichterlinge verstehen sich aber auch treflich darauf, sich mit fremden Federn aufzustuzzen; oft bekömmt das Kind nur einen deutschen Namen, obgleich Sitten und Sprache auf allen Seiten den Ausländer verrathen. Vor nicht gar langer Zeit sezte die deutsche Gesellschaft in Mannheim einen nicht zu verachtenden Preiß von 75 Dukaten auf das beste deutsche Lustspiel; aber sollte mans glauben, daß unter allen Stükken, die aus unserm schreibseeligen Vaterlande einliefen, nicht eines war, das über das Mittelmäsige reichte; und doch leben wenigstens an die zwei hundert Theaterschriftsteller in Deutschland! Dies ist die Lage unserer dramatischen Poesie in unserm Jahrzehend. Der zweite Grund, warum wir noch nicht behaupten können, eine Bühne zu haben, ist der Mangel an Schauspielern. Wenn man freilich die Ephemeren des Theaters durchblättert, so findet man die Garrik's und le Kain's zu Duzzenden, und jede reisende Truppe hat zum mindesten eine Jaquet und Mecour aufzuweisen. Ich sah noch neulich auf einer der ersten Bühnen Deutschlands, die man für eine Schule des Geschmaks hält, Hamlet aufführen, und traute meinen Augen und Ohren nicht, als ich dies schöne Produkt so verhunzt werden sah.

Und nun der Sprung von diesem Nazionaltheater zu unsern meisten reisenden Gesellschaften. Ich will nicht läugnen, daß nicht hier und da gute, zum Theil auch große, Schauspieler sich befinden: aber was ist's, wenn in einem Stükke auch ein paar Rollen gut besezt werden können? Zur Vollendung der Gruppe drängen sich dann noch immer so manche unberufene Priester Thaliens hinzu, verhunzen das Bild, und schwächen oder zernichten die Wirkung des Ganzen. Dem lezten Uibel wäre indessen noch eher abzuhelfen als dem ersten, und wir könnten noch leichter gute Schauspieler bekommen, als gute Schauspiele. Nur müßten die beträchtlichern Städte unsers Vaterlandes stehende Bühnen errichten, denn so lange der Schauspieler ein Nomadenleben führen muß, ist an seine Bildung nicht zu denken. Der Zutritt in die bessere Gesellschaften wird ihm so erschwert, er hat oft mit Mangel und Nahrungssorgen zu kämpfen, kann die öffentlichen Anstalten zur Erweiterung seiner Kenntniße wenig benuzzen; das herumziehende Leben selbst ist für Sitten und Karakter sehr nachtheilig, und die Aussichten auf den Abend seines Lebens müssen ihm vollends allen Muth, alle Heiterkeit benehmen. Auch das Publikum wird so gehindert, die Fortschritte in seiner Kunst zu bemärken, andere üble Folgen zu geschweigen, die aus dem Hordenleben unserer vielen wandernden Truppen herfliessen. Doch mit den stehenden Bühnen ist noch nicht alles gethan, der Staat müßte auch auf die Bildung des Schauspielers bedacht sein. So lange Friseurs, Schneiderpursche, relegirte Studenten Bordelschwestern, und wer noch mehr? sich zum Theater drängen, um da in thatenloser Ruhe zu verdorren oder ihr bischen Kraft unter dem Schilde der Geszlosigkeit zu verschwelgen, so lange läßt sich wenig für die Bildung des Schauspielers erwarten. Wenn aber ein auch junger Mann oder ein Mädchen von Kopf und Herz sich aus geprüfter Neigung der Bühne widmen wollte, wie und wo sollten sie sich bilden? Nach meinem Dafürhalten müßte doch jeder Schauspieler über Sprache und Stil, Aestethik, Mimik und Seelenlehre einen populären Unterricht geniessen, der Umgang mit der feinern Welt würde seine Bildung vollenden, seinen Ideenkreis erweitern, sein Gefühl verfeinern, und ihm die Gewandheit und Grazie in Bewegung und Manieren geben, die sich nicht vor dem Spiegel lernt. Aber wo ist diese Schule der Schauspieler? Sollte indessen bei dem entschiedenen Einflusse des Theaters auf Moralität und Geschmak der Staat nicht im Ernste bedacht sein, desfalls Anstalten zu treffen und dieses mächtige Ressort zur Volksbildung besser benüzzen? Fürsten, und Ihr Begüterte, denen das Glük mit unsparsamer Hand Schäzze und Reichthümer zuwog, denen moderne Philosophen Luxus als Pflicht predigen, hieher wendet eure Blikke! Diese Ruinen, an denen der Genius deutscher Kunst einsam trauert, sind werth von euch zum Tempel verwandelt zu werden, in dem die Weisheit an der Hand des Geschmaks euch Unterricht und Vergnügen gewähren will. Macht die zu Bürgern des Staats, die so wirksam eingreiffen in seine Verhältniße, gebt denen Schuz und Unterhalt, die euch ihr Leben, ihre Ruhe opfern, und bis izt nichts dafür erhielten, als frühe Runzeln, Verachtung im Alter und ein frühes Grab! Würdiget sie eures Umgangs, aus deren Händen ihr so manche Freude empfangt, die oft den Gram von eurer Stirne wischen und süsse Thränen eurem Auge entloken. Gern werden dann Jünglinge und Mädchen, denen die Natur kühnen Schwung der Fantasie und Glut der Empfindung zutheilte, dem Dienste Thaliens sich widmen; der Redliche hat ein Vaterland und einen Heerd, genießt die Freuden des Gatten und des Vaters, ist ein würdiges Mitglied der Gesellschaft, und den Auswürfling hindert der Schild der Gesezze, grobe Ausschweifungen zu begehen. Dann erst wird allmählig das Gefühl für Natur und Schönheit sich erhöhen und ausbreiten, süßer werden, von Kunst und Geschmak gepflegt, die Freuden des Lebens duften, und Gräziens verwaiste Grazien da entschleiert wandern, wo vor nicht gar langer Zeit die Uiberreste des griechischen und römischen Geistes noch im Schulstaube moderten, bis die Hand eines weisen und guten Fürsten sie hervorzog. Und sollten wir von ihm nicht auch die Erfüllung jenes schönen Traumes erwarten?

# Dramaturgische Fragen. *)

**1) Was ist Natur, und wie weit sind ihre Gränzen auf der Bühne?**

Natur — bei dem Künstler — ist Darstellung des Wirklichen oder Möglichen. Was über diese Linie geht, hört auf Natur zu seyn, und wird entweder schönes Ideal oder Karrikatur. Die Natur hat auf der Bühne ihre bestimmte Gränze, die der Schauspieler nie überschreiten darf. Schöne Darstellung muß sein Augenmärk sein. Was Ekel und Widerwillen erregt, zurükstößt, statt anzuziehen, kann zwar ganz natürlich sein, aber es taugt nicht zur Nachahmung für den Künstler. Die nemliche Regel gielt hier für den Schauspieler, wie für den Dichter, Maler, nnd Bildhauer. Man kann Schmerz ausdrükken, ohne gewaltsame Verzerrungen, weinen, ohne zu schluchzen, Zorn und Wuth äussern, ohne sich zu gebehrden, wie ein Tollsinniger. Swifts Gemälde einer Buhlschwester, einige Szenen in Schillers Räubern, Rubens bethlehemitischer Kindermord u. a. m. sind voll Natur und Wahrheit, aber sie empören das Gefühl; selbst die schöpferische Macht des Genies kann keinen Reiz, keine Grazie über derlei Gegenstände ausbreiten; man wendet das Aug von ihnen weg, indem man höchstens die Kekheit des Artisten bewundert. Schwer, unendlich schwer ist freilich die Linie zu treffen, wo schöne und

---

\* Diese Fragen wurden von dem Herrn von Dalberg in Mannheim dem dasigen Theaterausschuß zur Beantwortung vorgelegt: ich werde sie ebenfalls in diesen Blättern nach und nach zu beantworten suchen.

häßliche Natur sich scheiden, oder vielmehr unmärklich ineinander schmelzen, und es erfordert den feinsten, gebildesten Geschmak und nicht gemeine Menschenkenntniß, Empfindungen und Leidenschaften zu veredeln, ohne ihr eigenthümliches Gepräge zu verwischen. Der Schauspieler von Profession wird hier allemal, indem er den einen Fehler vermeiden will, in den entgegengesezten verfallen, wird uns Grimasse für Empfindung geben, Schminke, für die blühende Farbe der Jugend. Ich möchte hier den jungen Künstlern vornämlich das Studium guter Kunstwerke, besonders einiger Antiken anempfehlen. Die Uiberreste der griechischen Kunst werden ihm hierinn bessere Dienste leisten, als alle Theorien. Noch weht über ihnen allmächtig der Genius des Schönen — wehe dem, in dessen Busen bei ihrem Anblikke nicht der Funke der Begeisterung auflodert! er möge nie dem Heiligthume der Kunst sich nahen.

(Die Fortsezzung dieser Fragen in den nächsten Blättern.)

## Uiber den Karakter des Hamlet.

Hamlets Karakter ist für den Schauspieler einer der wichtigsten, die je auf die Bühne gebracht worden sind; aber der Dichter hat in seiner Zeichnung beträchtliche Fehler begangen. Gleich in der ersten Szene erscheint der Prinz tiefgebeugt über den Verlust seines Vaters, voll von Unwille gegen seinen Oheim, den König, dem er nicht viel Gutes zutraut, und gegen seine Mutter, die ihren würdigen Gemal so bald vergessen und sich in die Arme seines ihm so unähnlichen Bruders werfen konnte. Diese Empfindungen können bei einem tieffühlenden Herzen zu einem beträchtlichen Grade anschwellen, können den Geist in düstere Schwermuth versenken und einen Flor über alle Freuden des Lebens ziehen, aber doch schwerlich einen Mann von Grundsäzzen auf die Idee des Selbstmordes leiten, so lange noch irgend ein Funke von Hofnung glimmt; und Hamlet sah ja noch in der Liebe seiner Ophelia, in dem, was er einst seinem Volke werden konnte, eine schönere Zukunft dämmeren. Es dünkt uns daher seinem Karakter nicht ganz gemäß, wenn er nahe an Verzweiflung ausruft: o daß dieses alzufeste Fleisch sich auflösen und in Thränen zerrinnen könnte, oder daß der Ewigdauernde nicht seine Geschose gegen den Selbstmord gerichtet hätte. ꝛc. Eben so wenig natürlich und motivirt ist der berühmte Monolog Sein und Nichtsein — wo Hamlet schon beinahe gewiß von dem Verbrechen seines Oheims vielmehr auf Rache sinnen mußte, und wo der Ideengang für eine so schrekliche Situazion zu kalt und so ruhig ist, und die Untersuchung selbst mit dem Glaube an Gespenster, an Himmel und Hölle, und überhaupt mit dem rohen Volksgeiste der damaligen Zeit ein wenig seltsam kontrastirt. Aber nie verläugnet sich der Karakter Hamlets mehr, als da, wo er den alten Oldenholm ermordet hat, und nachher den König im Gebet überrascht. Hamlet glaubt den König hinter der Tapete verstekt, glühende Rache ergießt sich in seine Seele, er benüzt die Maske von Wahnsinn, zükt den Dolch mit den Worten: eine Maus! und todt fällt der alte Oldenholm zur Erde, und Hamlet — fängt an Possen zu reissen. Kann dies der Mann, der warmes Gefühl für Rechtschaffenheit hat, der immer einen so lebhaften Abscheu gegen die Bosheit und Ränke der Menschen äußert, der in der schönen Szene mit seiner Mutter so glühend für Tugend spricht! — Kann der bei dem übereilten Mord eines Unschuldigen, der noch überdies der Vater seiner Geliebten ist, von kaltem Spotte triefen? man werfe nicht ein, daß er sich so benehmen mußte, um seine angenommene Maske des Wahnsinnes nicht zu verlieren. In solchen Augenblikken ist auch der ausgelernte Heuchler Mensch und um wie viel mehr Hamlet: der von sich sagen konnte: bei mir scheint nichts, bei mir ists wirklich! dann treibt er ja seinen Scherz mit dem Todten auch da noch fort, wo er allein mit ihm ist. — um kein Haar besser benimmt er sich in der Szene, wo er den König im Gebete ermorden will, aber plötzlich innehält von dem Gedanken ergriffen: Wenn ich ihn izt tödte, dann fördre ich seine Seele wohl zum Himmel? Nein! Wenn er besoffen ist, wenn er in dem blutschänderischen Ehebette liegt, wenn er irgend ein schwarzes Bubenstük auf seine Seele geladen hat, will ich ihn erwürgen, und die Hölle soll ihrer Beute sich freuen. Abgerechnet, daß dieses

Raffinement im Augenblikke der gespannten Leidenschaft höchst unnatürlich ist, so können wir uns einen solchen Zug an keinem gutartigen Menschen, höchstens an einem Kannibalen denken. — Sehr wichtig ist indeß der Karakter Hamlets für den Schauspieler. Sein Herz öffnen dem Gewühle so mannigfaltiger sich durchkreuzender Leidenschaften, als Traurigkeit, Liebe, Furcht, Haß, Rachgier 2c., sie oft unter der Hülle von Laune durchschimmern lassen, den Drang von Empfindungen mit Selbstgewalt zurükhalten, die verschiedenen Abstufungen und Schattirungen derselben richtig treffen, keine Leidenschaft zersezzen, wie Hamlet sagt, immer eine gewisse Mäsigung, eine gewisse Grazie beibehalten, nie den einzig wahren Ausdruk der Natur verfehlen, nie einen falschen Akford greifen auf diesem geheimen Saitenspiele — dies fodert einen Mann von ächter Geisteskraft, von warmer Imaginazion, von tiefer Empfindung, der nicht fremd ist im Gebiete der Menschenkunde. Die Klippen, woran die meisten Schauspieler scheitern, sind die Szenen, wo er den Monolog, Sein und Nichtsein hält, die mit Ophelien und seiner Mutter. Ich sah einen berühmten Schauspieler als Hamlet, der zu Anfang jenes Monologs den Zeigefinger der rechten Hand an die Nase legte, und denn in der Attitüde des tiefen Forschens die ganze Szene kalt und ruhig spielte. Die erste Gebehrde ist unedel und nichtsdeutend, auch soll Hamlet ja nicht kaltblütig, wie ein Professor der Moral, Gründe für und wider den Selbstmord wägen; er schwebt wirklich in der schreklichen Situazion, wo ihm Nichtsein Wohlthat dünkt, und da kann die Vernunft nie gelassen prüfen, wo die Empfindung überquillt. So sagte derselbe Schauspieler in der darauf

Ich nahte schüchtern mich dem Heiligthum,
Wo uns die Kunst durch fremde Leiden rühret,
Und, wie am Zauberbande, Sinn und Herzen führet —
Nicht Eigennuz, nicht Hang nach Flitterruhm,
Nur Wahrheit wars, die mich geleitet,
Die — täuschte mich kein Schattenbild —
Sich hier und da gefällig mir enthüllt;
Ich ward gelobt, getadelt und beneidet!
Doch ungerührt von dem, was nur die Menge spricht,
Die heut uns Lorbeern, morgen Nesseln flicht,
Bring ich, was Wahrheit mir vertraute,
Erhabne, Dir, zum Opfer dar,
Dir, Deren Blik ihr Inneres durchschaute,
Die gerne weilt an ihrem Kunstaltar!

Die, mehr als Prunk im Weltgewühle,
Natur und Schönheit euch verehrt,
Und Ihres Herzens edlere Gefühle
Vertraut mit ihren Werken nährt.
Nicht acht' ich das Gekreisch der Menge,
Wenn mich Dein Blik mit Nachsicht lohnt,
Und wandle muthig fort durch das Gedränge,
Das selten eines strengen Zensors schont.

Der Verfasser.

folgenden Szene mit Ophelien die Worte: Geh in ein Nonnenkloster, mit immer gleichem Tone der Rührung. Anfänglich ist Hamlet freilich gerührt; aber almählig wird seine Empfindung Unwille und Abscheu gegen die Thorheiten und Vergehungen der Menschen, und da muß der Ton des warnenden Ernstes seine Worte karakterisiren. In der Szene mit der Königinn übertreiben die Herrn auch gewöhnlich ihr Spiel durch eine Heftigkeit, wobei sie immer vergessen, daß der Sohn zu seiner Mutter spricht, wo Mitleid, nicht Zorn und Wuth die herrschende Empfindung ist. So viel über den Karakter Hamlets, der auf Deutschlands Bühnen schon so oft verhunzt und zum Ziele gesteckt worden ist, das nach Schröder und Brokmann sobald keiner mehr erreichen dürfte, vielleicht ganz — keiner noch erreicht hat.

———

## Mädchenlehren.

Mädchen, willst du glücklich sein?
Hör' und übe meine Lehren.
Hältst du Herz und Sitten rein,
Kanst du Uiberfluß entbehren.

Willst du liebenswürdig sein?
Hasche nicht nach Prunk und Flimmer.
Nur Bescheidenheit nimmt ein:
Thoren blendet leerer Schimmer.

Willst du schön und reizend sein?
Uibertünche nicht die Wangen.
Hülle dich in Unschuld ein —
Gecken kann die Schminke fangen.

Willst du froh und heiter sein?
Fliehe weit vom Stadtgewühle.
Freude siehst du dort entweihn,
Spotten reinerer Gefühle.

Wünschest du gesund zu sein?
Arbeit kann gesund erhalten.
Arbeitsam und mäßig sein,
War die Medizin der Alten.

Willst du froh durch Liebe sein?
Liebe ewig, aber einen.
Liebe führt zum Himmel ein
Seelen, die es redlich meinen.

# Tagebuch
## der
## Mainzer Schaubühne.

### II. Stük.

Sollen die Geistlichen das Schauspiel besuchen?

In ganz Frankreich, wo die Begriffe vom konvenzionellen Wohlstande so ziemlich geläutert, und die Gränzen desselben oft weiter ausgedehnt sind, als es die strengern Grundsäzze der Sittlichkeit erlauben möchten, verbietet ein allgemeines Gesez den Geistlichen, das Schauspiel zu besuchen, und, was noch mehr ist, es wird daselbst strenge über dieses Gesez gehalten. Dieses Verfahren einer Nazion, der man einen hohen Grad von Geisteskultur nicht absprechen kann, und die sittliche Verhältnisse so gut zu würdigen versteht, muß allerdings ein nicht günstiges Vorurtheil gegen den hier und da behaupteten Saz erregen, daß man auch dem Geistlichen den Schauspielbesuch gestatten sollte — und der in einigen Provinzen Deutschlands wirklich Eingang gefunden hat. Ob aber auch mehr als Vorurtheil? Wir wollen sehen.

Zuerst — welches sind die Nachtheile, welche für den Geistlichen, und vermöge seines Verhältnisses mit dem Volke mittelbar auch für dieses aus dem Schauspielbesuche entstehen können?

Ein großer Theil unsrer Schauspiele ist nicht sehr geschikt, moralische Empfindungen zu erregen. Liebe ist das ewige Thema derselben, und diese Empfindung theilt sich gleich dem elektrischen Schlage allgemein, also auch dem Geistlichen, mit, und doch kann er sie nie befriedigen, ohne ein ehrwürdiges Gelübd zu verlezzen.

Manche Schauspieldichter schreiten auch hierinn über die Gränze der Sittlichkeit, stellen wollustathmende Gemälde auf, und wirken so, vermöge der Allgewalt der mimischen Kunst, doppelt nachtheilig auf die Imaginazion des Geistlichen, der doch immer Mensch ist, und machen Gefühle in ihm rege, die ihm oft seine Tugend kosten. Hat er aber auch Religion und Geistesstärke genug, um so gefährlichen Feinden zu widerstehen, so ist es doch meistens um seine Ruhe gethan.

Der große Haufe, der diesen Vorstellungen beiwohnt, und den Geistlichen als Zuschauer solcher milesischen Szenen bemärkt, muß dadurch um ein Großes von seiner Ehrfurcht für denselben verlieren; er sinkt in seinem Auge mit ihm zu einer Klasse herab; im Beichtstuhle und in der Predigt drängt sich diese Vorstellung zu den Wahrheiten, die der Geistliche vorträgt, und hemmt so ihre Wirkung.

Was das erste betrift, so ist es freilich wahr, die mehresten Schauspiele erregen Empfindungen der Liebe. Aber wenn auch der Geistliche von den Freuden des Gatten und des Vaters ausgeschlossen bleibt, wird darum der schönste Trieb der Natur zum Verbrechen? Ist es Sünde, Empfindungen darzustellen, die der Schöpfer uns eingehaucht hat? die das Band ausmachen, das die Menschen zu einer Familie vereinigt, und die dem armen Erdenpilger noch hier und da eine Rose auf seinen rauhen Dornenpfad streuen? Aber, wird man mir sagen, sollte denn der Geistliche nicht besser dieser Empfindungen ganz entbehren, da ihm doch einmal ihre Befriedigung versagt ist? — Nicht doch! Wird darum die Stimme der Natur ewig in ihm schweigen, wenn ihm im Schauspiele keine Gemälde der Liebe vors Auge gerükt werden? Besingen nicht unsre Dichter und Romanenschreiber meistentheils die nemlichen Gegenstände? man müßte ihm also auch die Lektüre dieser Schriften untersagen. Wird er nicht im wirklichen Leben auf hundert Dinge stoßen, die nur zu geschift sind, seine Einbildung und sein Blut in Bewegung zu sezzen? Soll man ihn darum in die isolirte Zelle eines Anachoreten versperren? und dann — so lange der Pinsel des dramatischen Dichters nur Bilder der reinen Liebe aufstellt, die gleich entfernt ist von Koketterie und Wollust; so lange kann auch in der Seele des Geistlichen höchstens der Hang nach den Freuden des häuslichen Lebens entstehen, höchstens der Wunsch, an der Hand einer liebenswürdigen und tugendhaften Gattin den Gang durchs Leben thun zu dürfen. Hat er Gefühl fürs Gute und Schöne, so wird dieser erlaubte Hang ihn nie zu Ausschweifungen hinreissen können, höchstens seine einsamen Stunden trüben; und eben dies muß ja geschehen, wenn er im Umgange mit Menschen auf ein glükliches Paar stößt, die in sich und ihrer Liebe das Glük ihres Lebens finden, und hier muß der Eindruk um so frappanter sein; da es keine geträumte Szene aus einer Dichterwelt, da es reelles Glük ist, was ihm vor Augen schwebt.

Wenn aber auch der Dichter Gemälde der Wolluft auf die Bühne bringt, und den keuschen Tempel Thaliens zum Bordell erniedriget, so läuft ja hiebei der Geistliche immer noch weniger Gefahr, als der große Haufe, weil man bei jenem einen festern Karakter, reinere, geprüftere Grundsäzze von Religion und Sittlichkeit und mehr Gefühl eigner Würde vorausssezzen darf. Ist dieses hier und dort bei Geistlichen der Fall nicht? Schlimm genug! die Tugend, die bewacht werden muß, ist der Schildwache nicht werth. Ueberhaupt sollte man aber derlei Schauspiele aufzuführen verbieten.

Was das Verhältniß des Geistlichen mit dem Volke betrifft, so wäre doch wahrlich der Schade so gros nicht, wenn endlich einmal der Nimbus ganz von diesen Herren wegfiele, der bei einer nähern Beleuchtung ohnedies zu verschwinden pflegt. Soll denn der Geistliche mehr als Mensch sein, oder weniger; und warum sollte die Wahrheit in seinem Munde verlieren, wenn er einige unsittliche Szenen im Schauspielhause mit angesehen hat? Entweder ist das Publikum von seiner Rechtschaffenheit überzeugt, und dann wird es auch glauben, daß jene Vorstellungen seinen Beifall nicht hatten; oder der Geistliche hat sich schon in seiner Meinnng heruntergesezt, und in dem Falle wird der größere Haufe, den Ansehen und Vorurtheil leitet, auch den Worten des

Geistlichen weniger glauben, wenn er das Schauspiel gleich nie besucht hätte.

Und nun erlaube man mir noch einige Vortheile zu berühren, die das Schauspiel insbesondre für den Geistlichen haben kann.

Der erste ist, daß es ihm eine anständige Unterhaltung gewährt. Auch der Geistliche kann nicht immer über seinen Büchern und Berufsgeschäften sizzen, auch er braucht Zerstreuung, um Muth und Heiterkeit zu neuen Arbeiten zu sammeln; auch er hat trübe Stunden, wo die abgespannte Seele sich nach Ruhe und Erholung sehnt, die wir oft umsonst in uns selbst suchen — und wo soll er diese finden? In den Kotterien der großen Welt? Wie wenig befriedigend sind die oft für die Bedürfnisse des Geistes und Herzens! Wie leer wird da meistens die Unterhaltung, wenn einmal die wichtigen Bemärkungen über Wetter, Moden des Tages und Stadtneuigkeiten ausgekramt sind? Wie bald wird man es satt, sich unter Menschen herumzutreiben, die sorgfältig jede Ekke des Karakters abschleifen, daß zulezt, wie Garrik sagt, kein Gepräge mehr an ihnen kenntlich ist? und wie oft ist ihm auch das hin der Zugang verschlossen? Ueberdruß seiner selbst und Langeweile reissen ihn daher, oft gegen das Sträuben seines bessern Gefühls, zu Trinkgelagen oder zu noch schlimmern Gesellschaften, wo er mehr in einer Stunde verliert, als er bei Ansehung der zügellosesten Theaterstükke nicht würde verlieren können.

Der zweite Vortheil ist, daß das Schauspiel die Welts- und Menschenkenntniß des Geistlichen erweitert. Niemand sollte vertrauter sein mit dem Menschen, tiefer blikken in das verborgene Gewebe seiner Leidenschaften; Niemand sollte genauer den Einfluß berechnen können, den Umstände und Verhältnisse auf den Menschen und seine Handlungen haben, als der Geistliche, dessen Beruf es ist, für die Bildung und Leitung des innern Menschen zu sorgen. Und wo kann dieser diese Einsicht sich erwerben? In den Kompendien der Schule? O wie wenig kennt der die Menschen, der sie nur ans Büchern kennt! Wie wenig vermag er den wahren Gehalt ihres Lebens zu bestimmen! Wie selten lassen sich Abstrakzionen und allgemeine Bemärkungen zum Maaßstabe brauchen, wo die Verschiedenheit des Karakters, des Temperaments, der Umstände den Gesichtspunkt oft so sehr abändern! Wo es meistens die feinste, geübteste Hand erfordert, um in dies feine gebrechliche Räderwerk einzugreifen, und nicht mehr zu verderben, als zu verbessern!

In sehr vielen unsrer Schauspiele herrscht tiefe Menschenkunde, entfaltet liegt das innere Räderwerk des Herzens da; wir finden einen Schaz von Erfahrungen, den wir geradezu benuzzen können, ohne sie erst auf Kosten unsrer Ruhe, und oft unsrer Rechtschaffenheit, zu erkaufen. Wir können sie übertragen in das thätige Leben, und welcher Gewinn ist dieses!

Der dritte Vortheil des Schauspielbesuchs für den Geistlichen ist Bildung des Geschmaks und des moralischen Gefühls. Diese Einwirkung ist entschieden und allgemein, also auch auf den Geistlichen ausdehnbar, und ich brauche mich nicht weiter darüber auszulassen. — Möchten diese wenigen Bemärkungen so glüklich sein, bei denen Aufmärksamkeit zu erregen, in deren Händen es liegt, einen ehrwürdigen Theil der Gesellschaft in seine Rechte einzusezzen, und hiedurch mittelbar das Wohl des ganzen Volkes zu befördern! Möchten sie mit eben dem Herzen gelesen werden, womit ich sie niederschrieb!

## Dramaturgifche Fragen.

2) **Was ift der Unterfchied zwifchen Kunft und Laune?**

Kunft und Laune find fehr verfchieden. Jene ſezt Studium voraus, und ringt, mit Anftrengung, das zu können, was ungefuchte Wirkung der Laune ift. Kunft kann Bewunderung erzwingen, aber nie die Einbildungskraft über die Empfindung erhöhen. In jener bemärkt man immer noch den Künftler; in diefer vergißt man ihn über feinem Werke. Riccoboni forderte vom Schaufpieler nur Kunft, nur vorgefpiegelte Empfindung, und erniedrigt ihn dadurch zur Marionettenpuppe. Kunft kann auch der mittelmäßige Kopf befizzen; aber ohne Laune ift er zum Schaufpieler, fo wie überhaupt zum Künftler, verdorben. Diefe befteht in einer gewiffen Biegfamkeit des Geiftes, fich in jede Form fchmiegen zu können, in der glüflichen Fertigkeit, eine Vorftellung oder Empfindung fo in fich zu beleben, daß alle übrigen gleichzeitigen Vorftellungen und Empfindungen ihre Farben annehmen. Kunft geht am Gängelbande der Regel, und bildet knechtifch nach ihrem Winke; Laune verfezt den Künftler in den Zuftand der Begeifterung, die fich felbft eine Bahne bricht, und nur, was er in diefem Zuftande hervorbringt, hat Kraft und Leben; das Uebrige gleicht dem Lächeln der Winterfonne, ohne Wärme und Gedeihen. Die Laune ift Gefchenk der Natur; die glüfliche Gabe, fich abwefende Dinge leicht zu vergegenwärtigen, leicht ge rührt zu werden von allem, was die Neigungen des menschlichen Herzens interessirt; kurz, Fantasie und simpathetisches Gefühl sind ihre ursprünglichen Quellen.

---

3) **Welches ist der wahre Anstand auf der Bühne, und wie erlangt ihn der Schauspieler?**

Ueber diese Frage läßt sich, im Allgemeinen, wenig sagen. Der Anstand des Schauspielers muß sich immer nach der jedesmaligen Beschaffenheit seines angenommenen Karakters richten, und ist sehr verschieden, je nachdem er einen Helden oder Bauern, einen Liebhaber oder Bedienten darzustellen hat. Das allgemein zu Beobachtende ist, daß sein Anstand nie die Gesetze des Wohlstandes beleidige, in ernsthaften Rollen nie possierlich, in komischen nie karrikaturmäßig werde, ausser da, wo es der Dichter geradezu verlangt.

Auch hier giebt es mannigfaltige Abstufungen. Der Gelehrte, dem seine Studierstube seine Welt ist, hat freilich nicht die Gewandheit und Leichtigkeit in seinen Manieren, die das Auszeichnende des Weltmannes sind; aber er braucht darum nicht wie ein schulgerechter Pedant auszusehen. So kann der Landsmann in seinem äussern Karakter eine gewisse Würde behaupten, ohne sich bis zu dem Ernste und Anstand eines römischen Weltüberwinders zu versteigen. Dies läßt sich auf jeden andern Karakter anwenden.

Wie aber der Schauspieler den wahren Anstand erlangen könne? Mich dünkt, durch Menschenbeobachten, und durch den Umgang mit der feinern Welt. Den Anstand in niedrigen Rollen, oder auch solchen, die aus der bürgerlichen Klasse hergenommen sind, verfehlen die Herren selten. Aber im höhern Lustspiele, und überhaupt in solchen Rollen, die Feinheit und Weltton erfordern, gebricht es meistens hieran, und hier besonders ist die Mittelstraße zwischen Plumpheit und widerlicher Affektazion schwer zu treffen. Eine gewisse Biegsamkeit und Grazie in allen Bewegungen lernt sich auch nicht vor dem Spiegel oder in der Schenke. So lange daher unsere Schauspieler durch Vorurtheil und Konvenzion aus den bessern Zirkeln ausgeschlossen werden, läßt sich hierinn wenig für ihre Bildung hoffen. Aber freilich, Schauspieler und Schauspielerinnen, die diesen Stand als die lezte Zuflucht vorm Hungertode, oder als eine Freistätte zu Ausschweifungen wählen; wer sollte diese in die Kotterien der feinern Welt einführen? sie, deren Ideenkreis sich höchstens auf ihre Rollen ausdehnt; denen es eben so sehr an Bildung des Geistes, als äusserer Politur gebricht!

4) **Können französische Trauerspiele auf der (deutschen) Bühne gefallen? und wie müssen sie vorgestellt werden, wenn sie allgemeinen Beifall erhalten sollen?**

Man hat den Franzosen vorgeworfen, daß sie nur Empfindung heucheln, daß sie den Unterschied zwischen Beschreibung und Darstellung des Affekts nicht kennen, daß sie ihre Karaktere nicht soutieren, und um eines Bonmots, einer schönen Tirade willen, die Eigenheiten derselben verwischen, u. s. w. Ich gestehe, daß diejenigen Stükke, welche diese Vorwürfe verdienen, auf deutschen Bühnen kaum gefallen können. Wir sind gewöhnt, Menschen und ihre Handlungen zu sehen und zu hören, nicht den Dichter, der aus ihnen spricht; und es muß einem deutschen Ohre immer sehr widerlich klingen, wenn die Griechen und Römer aus dem rauhen Heldenalter zu den Füßen ihrer Göttinnen in elegischen Tiraden wimmern, und wenn Kato mit einem Epigramm im Munde sich ersticht. Noch haben die Stükke der Franzosen eine andre Eigenheit — ich kanns nicht Fehler nennen — warum sie, selbst ihre besten nicht ausgenommen, bei uns kaum gefallen können; sie sind zu leer an Handlung, und die Katastrophe, deren Entwikelung unsre empfindsamen Herrchen und Damen so gern mit eignen Augen sehen, löst sich bei ihnen meistens in einer frostigen Erzählung. Krebillon, der es zuerst wagte, seine Landsleute (die sich doch vor Damien's huronischer Zerfleischung nicht entsezten) auch auf der Bühne an blutige Auftritte gewöhnen zu wollen, verscherzte darüber seinen Ruhm; seine Stükke erregten Vapeurs und Schwindel und —

wurden in den Staub der Büchersäle verwiesen. Es ist indessen nicht zu läugnen, daß die Franzosen verschiedene gute Trauerspiele besizzen, und wenn sie in Deutschland wenig Beifall finden, so liegt der Grund gewiß nicht am Mangel ihres innern Werthes, sondern vielmehr in dem herrschenden Geschmak unserer Nazion, die Gewühl und Spektakel liebt, und beim Cinna und Muhamed gähnen würde, indessen sie dem General Schlenzheim vollen Beifall klatscht. — Göthe beschenkte uns neulich mit einer Iphigenie, die an Form und Innhalt ganz griechisch ist, und neben dem Ueberreste der griechischen Kunst eine rühmliche Stelle verdient; aber ich zweifle, ob sie, aus besagten Gründen, eine Vorstellung auf unsern Bühnen aushalten würde. Eben hierinn liegt ein trauriger Beweis, daß wir noch weit vom Ziele des guten Geschmaks entfernt sind, da wir noch immer so wenig Sinn für Einfalt und Natur haben!

Der zweite Theil der Frage: Wie französische Trauerspiele vorgestellt werden müßten, um zu gefallen? klingt etwas sonderbar. Hat die Leidenschaft beim Le Kain ein andres Gepräge, als bei Garrik und Schröder? oder hat die Mimik in Frankreich andere Zeichen, als in Deutschland?

(Die Fortsezzung nächstens.)

## Theaterstükke.

**Tagebuch der Mannheimer Schaubühne. 5 Hefte. 8.**

Herr Major von Trierweiler in Mannheim ist der Herausgeber dieses Tagebuchs, von dem wir zur Ehre der Pfalz wünschten, daß es mit dem ersten Bogen geschlossen worden wäre. Seine Urtheile über die daselbst aufgeführten Stükke sind flach und schielend, sein Ausdruk ist matt und schleppend, und oft sprachwidrig. Meistens hebt er, auch bei bekannten Schauspielen, die ganze Reihe von Begebenheiten, mit ihrem Wesentlichen und Unwesentlichen, aus, wirft hier und da ein paar aufgehaschte Kunstwörter hinein, und schließt dann gewöhnlich mit einem Panegir auf die Schauspieler. Partheilichkeit ist ein häßlicher Fehler an einem Manne, der als Richter vor dem Publikum auftritt. Die Mannheimer Bühne gehört unstreitig zu den ersten in Deutschland, aber das heißt nicht viel; denn leider! haben wir noch kein Theater. Unbillig wäre es, einem Bock, Ifland und Beil große Vorzüge absprechen zu wollen; allein neben diesen stehn noch so manche andre, die den Weihrauch gewiß nicht verdienen, den ihnen der Verfasser so freigebig streut. Sogar hat Mannheim, auffer der Mademoiselle Withöft, nicht eine Schauspielerin, welche weit über das Mittelmäßige reichte. — Der Herr Verf. gehet auch in seinen Blättern hier und da Plagiate, und hat die Rezension der Räuber aus der algem. deutschen Bibl. und einige Stellen aus Sturz und Sulzer wörtlich abgeschrieben. So plündern die heutigen Griechen die prächtigen Ueberbleibſel der alten Tempel und Paläſte, um — ihre Schaubhütten damit aufzuſtuzzen!

---

### Die Mitſchuldigen, ein Luſtſpiel in drei Aufzügen. 1787.

Wir würden nicht glauben, daß der Verfaſſer von Werther und Göz von Berlichingen dieſes Stük ſchreiben konnte, wenn es nicht ſeinen Namen an der Stirne trüge. Die Handlung iſt einfach, aber auch leer und ohne Intereſſe; die Karaktere ſind alltäglich, und keiner im ganzen Stüffe, der unſere Theilnahme fixirte; die Sprache hebt ſich, für den Vers, zu wenig, und überhaupt machen die gereimten Alexandrinen auf ein deutſches Ohr keinen günſtigen Eindruk, und hier um ſo weniger, da ſie Perſonen aus der niedrigern Klaſſe in den Mund gelegt ſind. Der Herr Verf. hat durch dieſen Verſuch einen neuen Beweis geliefert, daß der Reim von dem Theater zu verbannen ſeie, und daß es ungleich ſchwerer halte, ſich im ſchriftſtelleriſchen Ruhme zu behaupten, als ſich hinein zu verſezzen. Schade, daß er dieſes verdorrte Reis unter ſeine übrigen Lorbeern geflochten hat!

## Mädchen und Mädchen.

Ein Mädchen, welche nur von sich
Und ihrem Puzze spricht,
Und mehr den Spiegel liebt, als mich,
Mag ich zum Weibe nicht.

Ein Mädchen, die im Weltgewühl
Sich Siegeskränze flicht,
Und tändelt mit des Manns Gefühl,
Mag ich zum Weibe nicht.

Ein Mädchen, die mit ihrem Witz,
Wie mit der Nadel, sticht,
Und tödtet mit der Rede Blitz,
Mag ich zum Weibe nicht.

Ein Mädchen, die nur Gecken liebt,
Vergessend ihrer Pflicht,
Um Gold und Ehre Liebe giebt,
Mag ich zum Weibe nicht.

Ein Mädchen, die bei Wieland gähnt,
Und, wenn das Abendlicht
Mit sanftem Glanz den Hain bekrönt,
Mag ich zum Weibe nicht.

Ein Mädchen, die da gerne weilt,
Wo Wollust Rosen bricht,
Und mir halbwegs entgegeneilt,
Mag ich zum Weibe nicht!

## Gegenstük.

Ein Mädchen, die ein weiches Herz
Mit Sinn fürs Gute eint,
Und öfter bei des Bruders Schmerz,
Als bei Romanen weint;

Die überm Puztisch keine Pflicht,
Und nicht sich selbst vergißt;
Von mehr als neuen Moden spricht,
Verdienst nach Gold nicht mißt;

Die gern auf stiller Frühlingsflur
Das Lied der Lerche hört,
Und in dem Tempel der Natur
Auch ihren Schöpfer ehrt;

Die mit des Mannes Ruhe nicht,
Wie mit der Puppe, spielt,
Nie Liebe heuchelt im Gesicht,
Wovon das Herz nichts fühlt;

Die gerne froh und heiter ist,
Bei Swift und Rabner lacht,
Doch nie die Sittsamkeit vergißt,
Die über Tugend wacht:

Die willig jedes Blümchen pflükt,
Wenns ihr kein Dorn verwehrt,
Durch Schönheit weniger entzükt,
Als durch den innern Werth —

O Mädchen, sag', wo find' ich dich?
Wo lacht dir Flur und Hain? —
Mit dir wählt' eine Hütte ich,
Und würde glüklich sein.

# Tagebuch
## der
## Mainzer Schaubühne.

### III. Stük.

#### Ueber den Rollenneid der Schauspieler.

Ein hauptsächlicher Grund von den mancherlei Kabalen, die bei Theatergesellschaften, wie an den größten Höfen, herrschen, liegt in dem Rollenneide der Schauspieler. Da werden alle Ränke der Hofkunst angewendet, um eine glänzende, oder wenigstens hervorstechende Rolle zu erhaschen. Ob man ihr gewachsen seie? ist die geringste Sorge dieser Herren. Genug, sie wollen — um mich eines ihrer Kunstausdrükke zu bedienen — brilliren! Im Grunde verlieren sie immer selbst dabei, verliert das Publikum und verliert der Schauspieldirektor. Sie selbst, weil sie sich in ein Fach drängen, zu dem sie kein Geschik haben. Mancher würde vielleicht erträglich, oder gar interessant geworden sein, wenn er klüger im Schatten geblieben wäre, da das volle Licht nun seine ganze Schwäche sichtbar macht; er hätte vielleicht als Buenko oder Gustav gefallen, da er izt als Beaumarchais oder Hamlet Gähnen und Ueberdruß erregt, und sich so um die Achtung und Gunst des Publikums bringt. Das Publikum verliert, indem auf diese Art öfters die schönsten Rollen in schlimme Hände gerathen. Der beßre Schauspieler oder die beßre Schauspielerin, die davon weggedrängt wurden, versäumen nun auch die ihnen zugetheilte Rolle, und so muß das ganze Stük fallen. Der Schauspieldirektor verliert, weil man ihn entweder bei einer schiefen Rollenvertheilung für schwachköpfig oder für schwachherzig ansieht, wenn er sich hiebei von Kabalen leiten läßt. Das Publikum wird unwillig, besucht das Theater seltner, und der Direktor muß seinen Eigensinn durch verringerte Einnahme büßen. Wenn doch die Herren auf ihrer Bretterwelt bedächten, daß es gar nicht darauf ankomme, was, sondern wie man spiele? und daß der Schauspieler, der die lezte Rolle nach ihrem Geiste faßt und exequirt, größer ist, als der Stümper, der sich im Makbeth oder Don Karlos prostituirt. Vornämlich sollten die Herren Direktoren dieses beherzigen, welche gewöhnlich die ersten Rollen als ein Reservatum für sich und ihre Familie betrachten. Ich sah einst eine Schauspieldirektrice, die sonst für eine unsrer guten Schauspielerinnen bekannt ist, als Julie in Weise's Romeo auftreten. Ich hatte ein junges, abgehärmtes, liebekrankes Mädchen erwartet, und da erschien — risum teneatis! — eine kleine korpulente Figur, deren Peripherie beinahe die Länge ihres Körpers maß, und der 50 Jahre schon in Stirn und Wange Furchen gezogen hatten; kurz, die wahre Parodie einer Julie. Und nun denke man sich, um die Gruppe zu vollenden, zu den Füßen dieser Julie einen jungen, schönen, feurigen Mann, bezaubert von ihren Reizen, hinschmelzend in Liebe und Entzükken! O es war ein Anblik, werth von Hogarths Pinsel, oder Chodowiecky's Griffel verewigt zu werden! Gewißlich wäre diese Sottise unterblieben, wenn die Frau Direktrice bedacht hätte, was sie sich und dem Publikum schuldig seie? wenn sie den wahren Gehalt des Schauspielers zu würdigen verstanden hätte. Es ist auf der Bühne, wie im Menschenleben. Nicht wer König ist, spielt die erste Rolle, sondern der willig und ganz die Stelle ausfüllt, die ihm angewiesen ist. Nicht alle vermögen alles. Warum wollen wir gegen den Strom schwimmen, wenn es uns an Kraft hiezu gebricht? Warum wollen wir die Natur meistern, die Talente und Fähigkeiten nur in gewissem Maaße vertheilet? Am Ende ist Hohn und Verachtung die unausbleibliche Folge, so wie der Bessere bedauert wird, der durch uns verdrängt wurde.

## Dramaturgische Fragen.

**5) Ist Händeklatschen oder allgemeine Stille der schmeichelhafteste Beifall?**

Je größer die Täuschung ist, die der Künstler hervorzubringen weiß, desto mehr Wahrheit ist in seinem Spiele, desto größer ist er. Wenn mich Garrik vergessen macht, daß ich im Schauspielhause bin, indem er als Makberh nach dem Luftdolch greift, oder als Richard vom Lager auffährt, so fällt mirs gewiß nicht ein, ihm Beifall zu klatschen, ich denke nicht mehr an den Schauspieler: aber wenn nun das Ueberraschende der Illusion schwindet, und ich wieder zur Besonnenheit erwache, dann erst geht meine Täuschung in Bewunderung über, und mein Beifall wird laut. Diese Bemärkung ist, dünkt mich, zugleich die Auflösung der vorliegenden Frage. Wenn das Schauspielhaus von lautem Lobe ertönt, da kaum der Schauspieler seine Darstellung vollendet hat, so denkt man nur immer an den Künstler, man hat Besinnungskraft genug, sein Spiel mit der Natur zu vergleichen; aber nur alsdann ist sein Triumph vollkommen, wenn man ihn über seinem Werke vergißt. Welch ein Anblik, wenn über eine ganze Versammlung Todesstille ausgebreitet liegt, jeder Blik gefesselt ist, jeder Odem zu stoken scheint, bis die überquillende Empfindung in unwillkührliche Thränen sich ergießt! Was kann der Künstler mehr zur Belohnung fordern!

6) Giebt es allgemeine sichere Regeln, wo der Schauspieler Pausen machen muß?

Mich dünkt, ja. Pausen sind immer Zeichen, daß der leichte natürliche Gang unsrer Ideen und Empfindungen unterbrochen ist. Unsre Vorstellungen hängen zusammen wie Glieder einer Kette. Wo der Dichter in der Darstellung eines oder mehrere dieser Glieder übergangen hat, da wird es Pflicht für den Schauspieler, die verbindende Mittelidee durch Pausen anzuknüpfen. Bisweilen auch entstehen Pausen, wenn bei dem Drange von Ideen und Empfindungen es uns an Worten gebricht, uns auszudrükken. Aber in dem Falle hat der Dichter schon dafür gesorgt, es dem Schauspieler bemärklich zu machen.

-(Die Fortsezzung nächstens.)

Szenen aus einem ungedrukten und noch nicht aufgeführten Schauspiele: Liebe und Rechtschaffenheit.

## Erster Auftritt.

v. Wefeld *kömmt tiefsinnig zur Thüre herein, legt Hut und Stok ab, wirft sich in einen Sessel, nimmt ein Buch, blättert darinn, und legt es wieder weg.*

Was ists, das mit mir vorgeht? Eine schrökliche Veränderung! Nirgends finde ich Ruhe. Die Bücher ekeln mich an — die Natur hat keine Reize mehr für mich. Sonst konnt' ein Spaziergang durch das Feld, der Anblik von Himmel und Menschen meine Grillen verscheuchen; mein Geist wurde bald heiter, wie die Natur um mich her — und nun! Ich schaudre, in mein eigenes Herz zu blikken — — O Luise, Luise! warum mußt' ich dich kennen lernen! warum dir so nahe kommen, und jeden Reiz deiner schönen Seele sich entfalten sehen! — O umsonst such' ichs länger vor mir selbst zu verbergen, es ist mir nur zu gewiß, daß ich dich liebe.

## Zweiter Auftritt.

### Luise, der Vorige.

Luise. So einsam, Herr von Wefeld? Störe ich Sie im Nachdenken?

v. Wefeld. Ah — Sie hier, Luise?

Luise. Zwar man ist's seit lange an Ihnen gewöhnt, Sie immer in Konversazion mit sich selbst zu finden.

v. Wefeld. Grillen — Anfälle von Hipochondrie — sonst nichts, gewiß sonst nichts.

**Luise.** (etwas verlegen) Wollen Sie sich nicht zu mir sezzen? Ich möchte gern ein paar Augenblikke mit Ihnen verplaudern. (Beide sezzen sich.)

**v. Wefeld.** (nach einer Pause) Der Abend ist sehr melancholisch.

**Luise.** Der Abend ists nicht, aber Sie sinds, lieber Wefeld! Sie sind krank?

**v. Wefeld.** Nichts weniger; so gesund als der Fisch im Wasser.

**Luise.** Sie sind krank, sag' ich; Ihre Seele leidet. Sie haben ein geheimes Anliegen.

**v. Wefeld.** Um des Himmels willen, Fräulein —

**Luise.** Ich habe Ihnen so oft manche Kleinigkeit vertraut, die mir am Herzen lag, und Sie gaben mir immer Trost, Erleichterung. Wollen Sie mich nicht auch zu Ihrer Vertrauten machen? Ich möchte so gern dankbar sein.

**v. Wefeld.** Luise, beim Himmel! ich habe nichts.

**Luise.** (Pause, in der sie ihn beobachtet) Wilhelm — Sie lieben!

**v. Wefeld.** Luise —

**Luise.** Und lieben mich. Keine Unwahrheit! Ich habe in Ihrer Seele gelesen; Sie konnten Andre, vielleicht sich selbst täuschen; nur mich nicht.

**v. Wefeld.** Ja, Sie haben mirs entrissen das schrökliche Geheimniß — Ich liebe Sie! Aber zürnen Sie nicht, Luise! Es ist das erste- und leztemal, daß ein Geständniß über meine Lippen kömmt, das mich zum Undankbaren an Ihnen, an Ihrem Vater macht. Ich verlasse Ihr Haus noch heute, noch diese Stunde, und nie sollen Ihre Augen wieder einen Unglüklichen sehen, der schwach genug war, sein Herz einer Neigung zu öfnen, die ihn zum Verbrecher macht.

**Luise.** Hören Sie mich, Wilhelm! Ich liebe Sie so aufrichtig, als Sie mich lieben können, und — nie soll diese Hand einem Andern werden, wenn sie nicht die Ihrige werden kann. Sind Sie nun beruhiget?

**v. Wefeld.** Ha — Sie stoßen mich vollends in den Abgrund, indem Sie mich retten wollen. Luise liebt mich — in diesem Gedanke liegt Seligkeit für Jahrtausende. Aber wie muß ich in den Augen Ihres Vaters, meines Wohlthäters erscheinen? Er nahm mich in sein Haus, vertraute meiner Redlichkeit sein liebstes, seine Tochter; und ich schleiche mich in ihr Herz ein, vereitle seine Plane; Ihr Lehrer ist Ihr Verführer! O meine Beste! dies ist die schwindlichte Kluft, die meine Liebe nicht überspringen kann.

**Luise.** Ich habe einen guten Vater; er wird mein Unglük nicht machen wollen.

**v. Wefeld.** Vielleicht! Aber wird darum der Schein weniger wider mich sein? Er mag zulezt wohl einwilligen in unsere Verbindung, weil er Ihr Unglük nicht will; aber wird er an meiner Hand so gern, so heiter und froh dem Abend seines Lebens entgegengehn, als er es an der Hand des Mannes würde, den sein Herz für Sie wählte? Sie sind mir theuer, Luise! keine Ewigkeit kann Ihr Bild aus meiner Seele tilgen und diese glühende Liebe; aber etwas ist mir theurer, meine Rechtschaffenheit. Luise, möchten Sie den Elenden zum Gatten, der fähig wäre, seinen Wohlthäter zu hintergehn? das Vertrauen eines Biedermannes zu misbrauchen?

**Luise.** O Wilhelm! dieser Edelmuth schlingt mich nur fester an Sie. Ich will gehen, mich zu den Füssen meines Vaters werfen, will ihm alles entdekken, Ihre Rechtschaffenheit und meine Liebe; er wird gerührt werden, und Sie seiner werth finden.

**v. Wefeld.** (ergreift unwillführlich ihre Hand) Luise — was machen Sie aus mir! (sie geht ab.)

---

## Eilfter Auftritt.

### v. Wefeld, Luise.

**v. Wefeld** tritt ein, und erschrikt, da er Luisen gewahr wird. Sie hier!

**Luise.** Nun — mein Anblik erschrekt Sie doch nicht!

**v. Wefeld.** Verzeihen Sie — ich habe meinen Hut hier liegen lassen — ich habe einen kleinen Gang zu thun —

**Luise.** Aber Wilhelm! Sie sehen ja todtenblaß? Sie zittern? Wie ist Ihnen?

**v. Wefeld.** (blikt düster zur Erde)

**Luise.** (faßt ihn bei der Hand) Sind Ihnen wieder neue Grillen zu Kopfe gestiegen? Nun, so sehen Sie mich doch nur an!

**v. Wefeld.** (sucht sich zu fassen) Luise — ich verlasse Sie!

**Luise.** Wilhelm —

**v. Wefeld.** Fassen Sie sich. Ihr Vater gab mir den Auftrag, Sie auf eine Verbindung mit dem Major von Erlach vorzubereiten; diese Verbindung ist sein herzlichster Wunsch. — Kann ich nun noch bleiben?

Luise. Grausamer! und Sie wollen mich verlassen, wollen mich hingeben der Verzweiflung? Nein, dies können Sie nicht. Kommen Sie, wir wollen uns meinem Vater zu Füßen werfen! Er hat ein weiches Herz, hat mir noch nie eine Bitte versagt.

v. Wefeld. Mit welcher Stirne könnt' ich Ihrem Vater unter die Augen treten? Er ist mein Wohlthäter, und ich raube ihm das Herz seines Kindes, zernichte den schönen Traum seines Alters, verbittre ihm den Schritt zum Grabe! (nach einigem Stillschweigen) Luise — leben Sie wohl! (will fort)

Luise. Bleiben Sie! Denken Sie, daß meines Vaters Wünsche darum in Erfüllung gehen, wenn Sie sich entfernen? Ich kann dem Major nie meine Hand geben, und wenn Sie heut fliehen, so nehm' ich morgen den Schleier.

v. Wefeld. Luise! glauben Sie, daß Sie Ihrem Vater werth sind?

Luise. Ach Gott!

v. Wefeld. Er liebt Sie, kennt keine Freude ausser Ihnen — und Sie wollten ihn fliehen? ihn einsam lassen am Abende seines Lebens? Sie wollten Schuld sein, daß der Gram den kleinen Ueberrest seiner Tage noch verkürzte?

Luise. Ach Gott! (wirft sich in einen Sessel)

v. Wefeld. Oed, erstorben wird alles um ihn sein, wenn ihm seine Luise fehlt. Wenn er unter seinen Bäumen wandelt, wo er oft an unsrer Hand des schönen Frühlings sich freute, wird ihn Ihr Bild umschweben, und schröklich das Gefühl ergreifen, daß seine Tochter ihn verließ. Er wird umsonst auf seinem Sterbelager die Hände ausstrekken nach einem Freunde — Niemand wird seinen Seegen fordern; ein Fremdling ihm fühllos die Augen zudrükken, und unbesucht und vergessen sein Grabhügel stehen.

Luise. Hören Sie auf, um Gottes willen!

v. Wefeld. (ergreift ihre Hand) Luise! den besten Trost in unsern Leiden wird uns das Bewustsein unsrer Tugend geben. Wir dulden jezt viel, aber das Andenken an redliche Handlungen wird nie zu theuer erkauft, es ist eine Quelle von Seligkeit für uns, die keine Zeit und keine Veränderung trüben kann. — Fassen Sie sich. Die Zeit heilt jeden Schmerz; sie wird auch diese Empfindung schwächen. Unsre Liebe wird nach und nach in Hochschäzzung nnd Freundschaft übergehen; Sie werden einen Gatten finden, der Ihrer würdig ist — dann wollen wir, als Freunde, Hand in Hand den Gang durchs Leben thun, und der Abend unsrer Tage wird um so schöner sein, je trüber unser Morgen ist. — Luise — Seien Sie glüklich! (ab)

Wenn diese Szenen den Beifall des Publikums haben, so werde ich das Ganze in kurzer Zeit nachfolgen lassen.

## Ueber Kabale und Liebe.

Man hat Schillers dramatische Produkte vergöttert und gelästert, bis zum Himmel erhoben, und dann wieder unter den großen Schwall unsrer sogenannten Originalstükke herabgewürdiget. Sie verdienen keines von beiden. Es sind keine vollendete Meisterstükke, die man im Tempel deutscher Kunst aufstellen könnte; aber sie tragen Züge von tiefer Menschenkenntniß, von glühender Imaginazion, und selbst ihre Auswüchse sind Verirrungen des Genie's. Man erlaube mir über eines seiner neuesten Produkte, über Kabale und Liebe, einige Bemärkungen zu machen, die das vielleicht rechtfertigen können, was ich so eben gesagt habe.

In der Oekonomie des benannten Stüks liegen beträchtliche Fehler, die aber leicht gehoben werden könnten. Daß der Major ein Bürgermädchen liebt, und um ihretwillen jede andre noch so vortheilhafte Parthie ausschlägt; daß sein Vater darauf besteht, er solle sich mit der Favoritin des Fürsten verbinden, um hiedurch seinen Einfluß in die Wallungen desselben — wie ers nennt — zu sichern; daß der Major sich durch einen erdichteten Brief hintergehen läßt, und zulezt sich und seine Luise vergiftet, finden wir eben nicht überspannt, sondern vielmehr natürlich und dem Gange des menschlichen Herzens angemessen. Wozu aber das offenherzige Geständniß des Präsidenten von dem Morde seines Vorfahrers? Kannte er seinen Sohn als einen Mann von Ehre und Rechtschaffenheit, so muste er leicht voraussehen, daß er ihn dadurch nur noch mehr von sich entfernen, und für seine Plane vielleicht verlieren würde; kannte er ihn nicht von der Seite, wie es auch wirklich aus der Folge wahrscheinlich wird: sonderbar genug! einen Sohn, den man zu solchen Absichten bestimmt hat, überläßt man nicht bis auf den Punkt, wo man ihn brauchen will, dem Ungefähr. Man weiht ihn früh ein in die Kabalen des Hofes, sucht früh sein besseres Gefühl zu betäuben, ihm die Grundsäzze des redlichen Privatmannes lächerlich zu machen, die Ekken seines Karakters abzuschleifen; lehrt ihn früh sich nach den Launen und Verdauungen der Größern zu schmiegen; kurz, man macht ihn früh vertraut mit all' den Ränken und Künsten, die der Höfling braucht, um das Fantom seines schimmernden Elendes zu erhaschen. Und der Präsident, ein Mann, der grau geworden ist in dieser Schule, handelt so schülermäßig, zernichtet in einigen Augenblikken das Werk seines ganzen Lebens! Eben so unbegreiflich ist es, warum dieser staatskluge Mann sich so ganz seinem nichtswürdigen Sekretair Preis giebt. Er brauchte ihn freilich zu seinen Planen; aber Schurken von der Art läßt man auch nicht weiter in die Karte blikken, als man sie zum Mitspielen braucht.

(Die Fortsezzung nächstens.)

## Himne an den Rhein.

Willkommen, Sohn der Alpen,
In Deutschlands Gauen!
Willkommen, o Rhein!
Dir weih' ich Spiel und Gesang.
Du liebest die Fluren nur,
Wo goldene Freiheit lacht.
Die Völker an deinem Haupt
Und an deiner Ferse
Opfern der Göttin.

Helveziens nervigte Söhne
Tauchen in deine Wellen ein,
Und manch Lied der Freiheit ertönt
Dort von den glüklichen Bergen,
Und unter den Weiden deines Ufers:
Und der muthige Bataver,
Der des Ozeans
Alte Herrschaft schmälerte,
Und eine amphibische Welt
Den Fluten entlokte,
Auch er war frei und glüklich
An deinem Gestade!

Da schüttet' er Indiens Pflanzen
Und die Gewächse der Südsee
Auf den Altar der Hehren.
Traure der Freiheit Genius!
Izt beugt er den Nakken
Schon halb dem Sklavenjoch entgegen;
Bald klirret um ihn die Fessel,
Und des Ozeans Gebieter
Rudert den Kahn des Fürsten.

Aber frei ist auch der Deutsche,
In dessen Gauen, o Rhein,
Du so gerne weilst!
Frei ist er, denn **Friedrich**,
Schon nah dem belorbeerten Ziele,
Schwer gebeugt
Von des Alters und der Thaten Gewicht,
Riß noch einmal sich auf;
Noch einmal schwollen die Muskeln seines Arms,
Wie einst im Gewühle der Feldschlacht —
Deutschlands Genius war um ihn
In dieser heiligen Stunde —
Und gewaltig zertrümmert' er die Fessel,
Die uns bereitet lag,
Daß darob die Ufer der Donau
Und des Wolgastroms gräßlich ertönten.
Frei sind wir, o Rhein, wie du!
Frei, wie das Volk
An deinem Haupt und an deiner Ferse!
Frei unter der Gesetze Schild,
Und gebunden ist
Der Uebergewalt eiserner Arm,
Und an ihrem Busen
Nagen die Geier
Der getäuschten Herrschsucht
Und der Schande.

 So lag einst am Felsgebirg
Angekettet der Frevler \*)
Der in der Olimpier Wohnung sich wagte;
Mit schröklichem Fittig umschwebt' ihn
Der Vogel der Rache.

---
 \*) Prometheus.

Doch weg von diesen Bildern!
Dort im Rebenhaine
Winkt, mit gelblichem Laube bekränzt,
Die junge Freude.
Süß, wie der Rebe Honig von rosigen Lippen,
Strömt dein Nektar, o Rhein,
Aus ihrer Hand in den Becher,
Den sie lächelnd mir beut.
Ich komme, freundliche Göttin,
Und netze die dürre Lippe
Mit dem Tranke des Himmels,
Und höher hebt sich dann mein Gesang,
Wie der Schwan,
Wenn er dem kühligen Bade entsteigt.

Weg mit den Reben Burgunds,
Weg mit dem Weine vom Kap!
Wie dieser heimische Nektar
Ist der Trank nicht,
Den Hebe
An der Tafel der Himmlischen reicht.
Ein Bild des deutschen Geistes,
Blendet seine Farbe nicht;
Aber Kraft und Feuer
Fliesset mit ihm in Blut und Nerven,
Und große Entschlüsse
Reift er im schwellenden Busen.

Dir weih' ich Spiel und Gesang,
Du Nektar vom Rhein!
Im Schatten dieser Reben
Vergeß' ich der Heimat Gefilde;
Hänge da meine Leier auf,
Und um meinen Hügel
Ertönen einst noch meine Lieder
Im Gelispel der Abendluft.

# Tagebuch der Mainzer Schaubühne.

## IV. Stük.

___

### Aus dem Schreiben eines Reisenden.

Frankfurt am 6ten des Aprils 1788.

Gestern wurden die Räuber hier aufgeführt. Man hat sich viel über die moralische Seite dieses Schauspiels gezankt, und es ist auch nicht zu läugnen, daß manche Szenen darinn — ohne Rüksicht auf Entzwek und Plan des Ganzen — das sittliche Gefühl empören, und Geszlosigkeit und allen daher entstehenden Unfug zu begünstigen scheinen. Warum betrachtet man aber das Gemälde nur immer von der einen Seite? Zeigt uns der Dichter zulezt nicht, wie das Laster und die Uebertretung der Geseze sich in ihren schröklichen Folgen selbst strafen? Sind die Szenen, wo Franz von den Furien des Gewissens umhergepeitscht, umsonst Ruhe sucht in täuschenden Sophismen, wo seine schwarzen Bubenstükke, wie grausende Gespenster ihn umdrängen, das hämische Lächeln auf seinen Lippen in krampfigen Zukkungen erstirbt, er von Verzweiflung ergriffen die Hände faltet zum Gebet, aber umsonst sich zum Himmel zu erheben strebt, sondern schröklicher zurüksturzt in die düstre Leere seines Innern — und wo Karl am Ende seiner Laufbahn, schaudert vor den Verirrungen seiner überspannten Fantasie, und mit Grausen erkennt, daß, Gesezze und bürgerliche Ordnung zerstören, so viel heisse, als die Welt durch Gräuel verschönern wollen —— Sind, sag' ich, diese Szenen nicht hinlängliche Rechtfertigung beides, des moralischen Gefühls und der Absicht des Dichters? Mehr kann ich über das Stük selbst izt nicht sagen; man erlaube mir nur noch einige Worte über die gestrige Aufführung desselben.

Den alten Moor spielte Hr. Stegmann. In seinem Spiele war mehr Nachahmung als Darstellung der Natur, mehr vorgespiegelte, als wirkliche Empfindung. Wir wollen auf der Bühne nicht den Künstler sehen, sondern die Person, welche er vorstellt; ihn selbst möchten wir vergessen über seiner Rolle. Aber dazu gehört, daß die Leidenschaft auch wirklich in seinem Busen wühle, die er ausdrükt, daß dies alles nicht blos gelerntes Fingerspiel seie, daß wirkliche kalte Schauer ihn ergreifen im Schrekken, und sein Haar sträuben in der Verzweiflung, daß der Gram wirklich seinen Busen zu zersprengen drohe, und der starre Blik in langen todten Pausen wurzle. Herr Stegmann verlor sich auch zuweilen im Gange der Empfindung. Gleich in der ersten Szene, wo Franz die ersonnene Nachricht von den Vergehungen seines Bruders abliest, äusserte er mehr Unwillen als Betrübniß. Unwille hat nur bei den geringern Vergehungen derjenigen statt, die wir lieben; reissen sie ihre Ausschweifungen ins Verderben hin, sehen wir zernichtet in ihnen alle unsre Hofnungen und Aussichten, dann versinkt die Seele ohnmächtig in die Tiefe des Jammers. In der Szene, wo der alte

Moor aus dem Thurme gezogen wird, erregte Herr Gregmann mehr Ekel und Abscheu, als Mitleid. Dies mochte hauptsächlich von dem ekelhaften Bemalen seines Gesichtes und von seiner unanständigen Bekleidung herrühren. O daß ichs mit der Rede Allgewalt jedem Schauspieler, jeder Schauspielerinn zurufen könnte: Natur und Grazie müssen Hand in Hand gehen; kein Kunstwerk taugt, das nicht beide schwesterlich vereint!

Karl von Moor war Herr Böheim. — Herr Böheim hat Feuer, und weiß sich glüklich zu mäßigen, und den Stufengang der Leidenschaft zu beobachten; aber in seinem Gesichte und in seinem Anstande fehlt das Edle, das äussere Gepräge von innerer Kraft und Geistesgröße, und eben darum scheint er für das Fach der Helden und ersten Liebhaber nicht ganz gewachsen zu sein. In seiner Deklamazion verfällt er oft in den Predigerton, und akzentuirt oft die Worte falsch. Auch die Uebergänge von einer Leidenschaft zur andern nüanzirt er nicht fein und sprechend genug. Die heroischen Szenen gelingen ihm noch besser, als die zärtlichen.

Franz v. Moor Herr Unzelmann. — Herr Unzelmann spielte anfangs zu ruhig, zu überlegt, und machte eben dadurch diesen schwarzen Karakter noch schwärzer. Feuer und Empfindung hätten Gesinnungen und Handlungen mehr motivirt; besonders fiel dies in der Szene auf, wo Franz mit der Natur hadert, und ihre schönsten Werke zu zerstören schwört. Wahr und erschütternd war sein Spiel im 4ten Aufzuge, wo Gewissensangst den Verbrecher

ergreift, und er in Verzweiflung betend niederstürzt.
Das Frankfurter Publikum gab hier einen Beweis
seines — um das gelindeste zu sagen — Mangels
an Delikatesse und Gefühl, — es lachte wiehernd
auf bei einer Situazion, wo kaltes Entsezzen mich
pakte! Herr Unzelmann fühlte sich, und trat im
Augenblikke von der Bühne ab, und der Vorhang
mußte fallen. Es gereicht ihm indessen zur Ehre,
daß er in dem darauf folgenden 5ten Akt sein Spiel
mit aller Anstrengung vollendete, und besonders die
lezte Szene mit schaudernder Wahrheit ausführte.
Und das Publikum — lachte beinahe wieder. Wenn
doch derlei Geschöpfe, die taub sind für die Vergnügungen des Geistes und der reinern Sinne, wenigstens andern diese Quellen nicht trüben wollten! Sie
würden ja in einer Schenke oder Marionettenbude
ihre Rechnung besser finden!

Amalia v. Edelreich Madame Böheim. —
Madame Böheim hat Empfindung, Anstand, ein
deutliches Organ, eine meistens richtige Deklamazion;
sie faßt den Geist ihrer Rolle, und ihr Feuer strömt
über in die Seelen der Zuschauer. Nur möcht' ich sie
bitten, jede Grimasse, jedes erkünstelte Aufschwellen
der Muskeln zu vermeiden. Wenn alle des Herzens
Saiten ansprechen, und die Fantasie die Fluth der
Empfindung mächtig erregt, dann bedarf es keiner
Kunst, um die entsprechenden Bewegungen des Kör-
pers hervorzubringen, sie erfolgen unwillkührlich.
Auf die einzelnen Theile des Spiels der Madame
Böheim kann ich mich für jezt wegen Mangel des
Raumes nicht einlassen.

Hermann Herr Mattausch. — Er hatte den Karakter richtig gefaßt, nur sollte er die Uebergänge von einer Leidenschaft zur andern mehr in einander zu verschmelzen suchen. Die Freude, die auf Unwille und Zorn folgt, ist nicht ganz rein; sie stralet durch die Mienen, wie die Sonne durch ein leichtes Herbstgewölk. Dies läßt sich durchgängig anwenden.

Die übrigen Herren werden mirs Dank wissen, wenn ich über sie und ihr Spiel für izt nichts weiteres sage. Nur noch einige allgemeine Bemärkungen erlaube man mir.

Das Stük wurde in altdeutscher Tracht gegeben. Ich hätte es lieber in moderner Kleidung gesehen, da doch einmal das Kostum nicht durchaus beobachtet werden konnte. Es war ein possierlicher Anblik, da einen Räuber in der Tracht unserer Väter, dort einen in der Uniform der ehrsamen Frankfurter Stadtmiliz, dort wieder einen mit einem römischen Helm, da andre mit Hüten zu sehen. So etwas erregt Lachen, und stört die Täuschung.

Die meisten Schauspieler hatten ihre Rollen schlecht memorirt. Dies ist ein unverzeihlicher Fehler, und zeigt von Seiten des Schauspielers Mangel an Achtung gegen das Publikum, und Gleichgiltigkeit für den eignen Ruhm. Auch läßt es gar erbaulich, wenn mitten in der rührenden Situazion der Blik des Schauspielers sich sehnsuchtsvoll nach dem Dreifuß des Soufleurs kehrt, um durch einen Spruch dieses unterirrdischen Orakels über das Folgende belehrt zu werden. Doch ist dieser Fehler, so unverzeihlich er auch sein mag, noch immer weniger auffallend, als ein andrer damit verwandter, wenn man nämlich die Worte des Dichters verliert, und so in Gefahr geräth, Unsinn zu sagen. So, z. B. hörte ich von Hrn. Böheim: Kein deutscher Adlerschlag (Aberschlag) mehr in Barbarossa's Enkeln! Von demselben — Nun reisse die Hölle an mir, der Himmel an ihr, die Liebe über den Eiden (Beiden). Es ist wahr, das Eiden steht im Original; aber sollte der Schauspieler nicht so viel Einsicht oder Muth haben, die Drukfehler seines Dichters zu verbessern? Die Herren haben doch Muth genug, oft die schönsten Stellen aus dem Zusammenhange wegzustreichen. Herr Graubner sagte: — Wenn der Geschichtschreiber nicht die Lükke in Jupiters Sukzessionsleiter scheute! Wie, um des gesunden Menschenverstandes willen, kömmt Jupiter hieher? Ich geschweige den übrigen Unsinn, der von den meisten Schauspielern hervorgebracht wurde. Einige, Herr Unzelmann vornämlich, hatten verschiedene Stellen in ihren Rollen gestrichen, und darunter solche, deren Einwirkung in das Ganze sichtbar genug ist. Hätten sie dafür doch den Marschall von Sachsen ausgemustert, den Schiller, possierlich genug, in das 15te Jahrhundert bringt. Aber dafür entschädigte uns auch Herr Bio, der einige — Hol mich der Teufel! — seiner Rolle zusezte, vermutlich — um seine Bravour als Räuber zu zeigen!!

Ich hätte noch manches auf dem Herzen; doch werde ich mich dessen bei andern Anlässen erleichtern.

# Plan zur Errichtung einer stehenden Bühne in Mainz.

Ich habe schon neulich einige Vortheile berührt, welche stehende Bühnen vor wandernden voraus haben; und diese sind auch so einleuchtend, und bei dem bessern Theile des Publikums so entschieden, daß ich es für überflüssig halte, mich weiter darüber auszubreiten. Sei's, daß hier und da ein modischer Philosoph die herumirrenden Truppen in Schuz nimmt, um etwas Paradoxes zu sagen, oder weil er den Schauspieler mit dem Gaukler und dem Savojarden, der sein Murmelthier zur Schau trägt, in eine Klasse sezt; solche Herren ändern ihre Meinungen gewöhnlich nach der guten oder schlimmen Verdauung ihres Magens, und ohne auf die Orakelsprüche von ihrem Dreifuße zu achten, will ich es auf gutes Glük wagen, dem Publikum einen skizzirten Plan zur Errichtung einer ständigen Bühne das hier vorzulegen.

Die erste und wichtigste Frage betrift den Fond zur Unterhaltung eines ständigen Theaters. Mannheim, Linz, Presburg, Innsbruk und verschiedene andre Städte, die an Reichthum und Volksmenge weit hinter Mainz stehen, haben stehende Bühnen, und hier, wo ein Hof, ein zahlreicher und begüterter Adel, ein beträchtliches Regierungspersonale, eine Universität, und viele vermögende Bürger sich befinden, sollte die jährliche Einnahme nicht hinreichen, ein Theater zu unterhalten, und nach und nach einen stehenden Fond zu sammeln? Die Truppe, welche jährlich durch vier Monate hier spielt, nimmt in diesen vier Monaten, nach einer mäßigen Berechnung, ein — 16000 fl. Bei einer stehenden Bühne kann freilich das Abonnement nicht so hoch angesezt werden; aber man verringere es auch um die Hälfte, so ergiebt sich für das ganze Jahr, nach obiger Berechnung, die Summe von 24000 fl. Nun kann man noch darauf zählen, daß den Geistlichen der Schauspielbesuch erlaubt, und daß auch der Hof einen Beitrag geben werde, und so dürfte man, dünkt mich, immer den jährlichen Ertrag auf 30000 fl. sezzen. Um diesen Ertrag zu sichern, müste sich der Hof, der Adel, die Geistlichkeit, das Militär, und die verschiedenen Dikasterianten zu einem stehenden Abonnement verbindlich machen. Freilich werden manche einwerfen: Warum sollen wir für ein ganzes Jahr bezahlen, da wir die Sommermonate auf dem Lande zubringen! Diese bitt' ich zu bedenken, daß alsdann das jährliche Abonnement ihr gegenwärtiges viermonatliches nur um ein Dritttheil übersteige; und dann — Wir geben jährlich Tausende hin für die Moden des Auslands, für leere Vergnügungen, die höchstens die Sinne betäuben, und nicht selten durch Ueberdruß und Nachreue vergällt werden; warum wollen wir nicht auch etwas Weniges für die Ehre der Nazion, für unsern daurenden Ruhm, für unser reelles Vergnügen thun? Wollen wir ewig den Vorwurf auf uns sizzen lassen:

Der Deutsche ist gen Fremde nur gerecht,
Streut Gold dem fremden Gaukelspiel, indeß
Die deutsche Kunst von Thür zu Thüre geht.

Sei's, daß auch der Schauspieler zwei Monate jährlich ruhen darf; niemand bedarf mehr der Erholung, als er, niemand hat es nöthiger, im Schooße der Muße und Freiheit die verschwendete Schnellkraft wieder zu sammeln, als er, in dessen Busen immer zerstörende Leidenschaft brütet, und dessen Fibern durch eine stete erkünstelte Spannung so gewaltsam erschüttert und abgerieben werden, daß meistens frühes Alter und frühes Hinwelken sein Loos ist.

Ob aber die jährliche Einnahme von 30000 fl. hinreichend sein möchte, eine stehende Bühne zu unterhalten? Ich denke, ja. Der Schauspieler, welcher einen fixirten Wohnplaz hat, braucht um die Hälfte oder zwei Dritttheile weniger, als der wandernde Schauspieler, zudem kann er sein Engagement bei einem ständigen Theater als eine lebenslängliche Versorgung ansehen, er hat eine freie Aussicht auf den Abend seines Lebens, ist Bürger des Staats und genießt nun die Vorrechte desselben für sich und seine Familie; er wird also auch gern mit einer mäßigen Besoldung vorlieb nehmen, und jeder Redlichdenkende wird willig und froh sein Vagabundenleben mit den bürgerlichen Verhältnissen vertauschen, wenn man ihm auch um ein Dritttheil weniger bietet.

Ich setze das Personale einer stehenden Bühne auf 24 Glieder, nämlich;

| | |
|---|---|
| Junge Helden und Könige | 1 |
| Liebhaber | 2 |
| Väter und ernsthafte Alte | 2 |
| Komische Alte | 2 |

Chevaliers · · 1
Bediente. · · 3

Königinnen, Heldinnen ꝛc. 1
Liebhaberinnen · 2
Mütter · · 2
Soubretten · · 2

Einige von diesen müsten zugleich in dem Singspiele gebraucht werden können, und so dürfte man von eigentlichen Personen für das Singspiel nur noch etwa

Sänger · · 2
Sängerinnen · 2

anstellen. Hiezu käme noch 1 Dekorateur, dem man einige Handlanger zugeben müste, und 1 Souffleur. Das höchste Salarium wären 1000 fl., das geringste 400 fl. Nach der Mittelsumme von 700 fl. beliefen sich daher die jährlichen Besoldungsgelder auf 16800 fl.

Ein eignes Orchester zu halten, wäre ein unverzeihlicher Luxus, da selbiges von dem hier schon bestehenden Hoforchester zusammengesezt werden könnte, und jeder gegen ein billiges Honorarium gern die Hände dazu bieten würde. Ein sachkundiger Mann versichert mich, er getraute sich den ganzen desfalsigen Betrag mit 4000 fl. zu bestreiten.

Ueber das Ganze müste ein Mann von Einsicht und anerkannter Rechtschaffenheit die Direkzion führen. Sein Geschäft wäre, die aufzuführenden Stükke zu wählen, die Rollen zu vertheilen, bei den Proben gegenwärtig zu sein, und dem Schauspieler seine Bemärkungen und Berichtigungen über ihr Spiel mitzutheilen, allenfalls die Karaktere des Schauspiels zu zergliedern, auf den Gang der Leidenschaften, ihre Schattirungen und Nüanzen aufmärksam zu machen, wöchentlich, eine Stunde wenigstens, über Mimik und Seelenlehre vorzulesen, die Kaſſe zu verwalten, für Unterhaltung der Garderobe und Dekorazionen zu sorgen ꝛc. Ich werfe dieſem Manne eine jährliche Beſoldung von 1200 fl. aus, und ſo bliebe dann noch zur Unterhaltung der Bühne und Abtragung des anfänglich aufzunehmenden Vorſchuſſes die Summe von etwa 8000 fl.

(Der Beschluß nächstens.)

## Dramaturgische Fragen.

7) **Kann sich der Schauspieler mit Glük abwechselnd in komischen und tragischen Rollen zeigen?**

Es gehört auſſerordentlich viel Biegſamkeit des Geiſtes dazu, ſich in verſchiedene, oder gar entgegengeſezte Formen zu ſchmiegen; izt als Lear den tiefsfreſſenden Gram eines von ſeinen Kindern verlaſſenen Vaters darzuſtellen, ſchröklich zu beten im Ungewitter und Verwünſchungen herabzufordern vom Himmel über ſie; und dann wieder auftreten im drolligten, gefräſigen, feigen und praleriſchen Falſtaf, und immer das ganz zu ſein, was man vorſtellt; izt Hoheit und Ernſt und männliche Würde ſtralen laſſen um sich, ist wieder jede Spur davon wegwischen, und überall das groteske Gepräge der komischen Laune aufdrükken. Diese Proteusseelen sind selten in der Natur, und eben deswegen möchte es mißlich sein für den Schauspieler, der sich mit Glük in tragischen Rollen versucht hat, überzutreten ins komische Fach. Aber hiezu kömmt noch ein Unstern, dem auch der Schauspieler von dem biegsamsten Temperamente, von der wandelbarsten Laune ausgesezt ist, und dieser entspringt aus dem unwillkührlichen Geseze unserer Ideenverbindung. Selbst Garrik und Schröder können's mit all' ihrer Kunst nicht hindern, daß, wenn sie nun als Lear oder Richard auftreten, nicht hier und da einer ihrer Züge an den drolligen Hans Falstaf oder den Lizentiat Frank erinnere, und weg ist dann die Täuschung, höchstens schmilzt sie in kalte Bewunderung hin. Ich möchte daher keinem Schauspieler, keiner Schauspielerinn rathen, sich abwechselnd im Tragischen und Komischen zu zeigen; sie greifen nach einem Schatten, und lassen darüber den wirklichen Lorbeer aus den Händen.

(Die Fortsezzung nächstens.)

### Theaterschriften.

**Nina, oder Wahnsinn aus Liebe. Ein Schauspiel mit Gesang von d'Arien.**

Es ist vieles gegen die Operetten gesagt und geschrieben worden; aber demungeachtet finden sie noch allenthalben mehr Zuschauer, als unsre besten Trauer- oder Lustspiele. Mislich möchte es daher sein, dieselben ganz verdrängen zu wollen; vielmehr sollte man darauf denken, ihnen ihr Unnatürliches zu benehmen. Es ist nichts ungewöhnliches, daß man in frohen oder auch trüben Stunden ein Liedchen singe, besonders wenn der Innhalt desselben mit unsern Empfindungen zusammenstimmt. Auch im vertrauten Kreise von Freunden kürzet oft ein Liedchen die lange Zeit, oft auch dient es zum Vehikel, einem andern etwas beizubringen, was man doch nicht geradezu mit dürren Worten sagen mag. Derlei Anlässe sollte der dramatische Dichter benützen, um hier und da in seine Schauspiele, auf eine schikliche Art, Gesänge einzuflechten, so wäre die Operette nicht mehr blos tändelnde Belustigung für das Ohr; auch der Mann von Geschmak fände dabei seine Rechnung, und die Musik würde — in ihre eigentliche Gränze gewiesen — die Wirkung der Dichtkunst zu erhöhen dienen. Diese Betrachtungen stellte ich bei Gelegenheit der vorliegenden Operette an, die auf Frankreichs und Deutschlands Bühnen mit so lautem Beifalle aufgenommen wurde, und an der, als dramatisches Produkt betrachtet, so vieles auszusezen wäre. Der Plan ist in der That sehr einfach: Nina soll mit Trautenfels verbunden werden, aber noch vor dem hiezu bestimmten Tage erscheint ein reicher und angesehener Mitwerber, der den Vater veranlaßt, sein Wort zurükzunehmen, ihren Liebhaber im Zweikampfe verwundet, und dann, vom Vater unterstüzt, in das unglükliche Mädchen bringt, ihm ihre Hand zu reichen. Nina fällt in ein hizziges Fieber und verliert ihren Verstand. Hier beginnt eigentlich erst die Handlung des Schauspiels, und das Bishergesagte erzählt Elise, die Gespielin Nina's, einem Haufen Bauern. In welcher Absicht? sieht man freilich nicht ein; vermuthlich aber war der Dichter in Verlegenheit, es dem Publikum auf eine schiklichere Art beizubringen. Zu spät bereuet nun der Graf seine Härte; aber da erscheint — Deus ex machina — Trautenfels, den man lange für todt gehalten hatte, und der Alte, höchlich erfreut, giebt ihm die Hand seiner Tochter, deren Wahnsinn bei dem ersten Kusse ihres Liebhabers verschwindet, ohne eine Spur hinter sich zu lassen. Wahrlich eine Metamorphose, wie sie sich seit Vater Ovid kaum mehr in der Dichterwelt zugetragen hat! Wenn auch der Antropolog diese so schnelle Genesung möglich finden sollte, so taugt sie doch nicht auf die Bühne, weil sie nicht wahrscheinlich genug ist, und weil überhaupt Wirkungen, die von zufälligen, unvorgesehenen und unbekannten Ursachen abhängen, nicht für den dramatischen Dichter gehören, bei dem man den ganzen Faden übersehen muß, der seine Begebenheiten zusammenhält, und der mit keiner Erscheinung auftreten darf, die nicht in dem Vorhergegangenen gegründet wäre. — Die Empfindungen der wahnsinnigen Nina sind sehr gesucht und studirt, und die Gesänge größtentheils matt und holpericht.

Ueberhaupt hat unsre lirische Bühne durch die Verdeutschung dieses neuen Produktes der alternden französischen Muse nichts gewonnen, und der allgemeine Beifall unsers Publikums ist, leider! noch lange nicht das Siegel der Vollkommenheit eines Kunstwerks — vielmehr das Gegentheil!

———————

## Am Grabe Friedrichs II.

Nur diese Stäte, Wandrer, saget Dir:
Er war auch Mensch, wie wir.

———————

## Mein Wunsch.

Nicht um Reichthum fleh' ich, Schiksal, dich,
Daß er mir mein bischen Ruh noch raube;
Nicht um Rang und Ehre, gern geh' ich
Unbemärket meinen Weg im Staube.

Gieb mir, fern vom Stadtgeräusche, nur
Eine Hütte, wo ich mir darf leben,
Eine kleine Heerde, eine Flur,
Und ein Schattendach von Hochheims Reben.

Und da will ich, still und unbekannt,
Weisheit suchen, sie durch Thaten ehren,
Hinterlassen, statt dem Flittertand,
Meinen Kindern einstens ihre Lehren.

Süßer schmekte mir des Gärtchens Kohl,
Als den Großen ihre Lekkerbissen,
Und beim Lied der Lerche würd' ich wohl
Ihrer Opernmädchen Kunst nicht missen.

Meines Weibchens Lächeln würde mir
Auch des Landmanns rohe Speisen würzen,
Und ein holdes Liedchen am Klavier
Jede trübe Winterstunde kürzen.

Hör', o Schiksal, meine Bitte doch,
Eh' vom Alter meine Schläfe bleichen,
Laß mich länger nicht am Sklavenjoch
Geistentnervender Geschäfte keuchen.

Dann will gern ich jede Kraft in mir
Zu dem Glükke meiner Brüder nüzzen;
Aber unter diesen Menschen hier
Kann ich kaum mein bischen Freiheit schüzzen.

# Tagebuch
## der
## Mainzer Schaubühne.

### V. Stük.

#### Ueber Schauspielerprädikate.

Groß, gut, mittelmäßig und schlecht sind die gewöhnlichen Rubriken, wornach unsre Dramaturgen die Schauspieler zu ordnen pflegen. Große Schauspieler haben wir — nach der Meinung dieser Herren — im heiligen deutschen Reiche mehr, als vielleicht England und Frankreich zusammengenommen mittelmäßige und schlechte aufweisen können. Es wäre so übel nicht, wenn die Herren Recht hätten. Wir wollens einmal versuchen, die Skizze eines großen Schauspielers zu entwerfen, und dann mag das Publikum vergleichen.

Von einem großen Manne fordern wir große, ungewöhnliche Kräfte, eine ungewöhnliche Thätigkeit und Aeusserung derselben. Was er hervorbringt, muß die alltäglichen Dinge so weit überragen, als — um mit einem alten Dichter ein Gleichniß abzuborgen — die Zipresse den niedrigen Weidenstrauch. — Der große Schauspieler wäre also derjenige, der sich leicht schmiegt in verschiedene Formen; in dessen Seele fremde Leidenschaft leicht Zugang findet, und dann hoch auflodert, von eigenem Feuer genähret; der nicht dem Dichter am Gängelbande folgt, sondern selbst Schöpfer wird seiner Rolle, alles aus eigenem Herzen strömt, so daß keine fremde Mischung daran kenntlich bleibt; der die Farben mildert oder verstärkt, wo sie der Dichter zu schwach oder zu grell aufgetragen hat; dessen Spiel ganz, bis auf die leise Bewegung der Fingerspizze, bis auf Rang und Kleidung — nicht Nachbildung, sondern wirkliche Darstellung der Natur ist; den man allenfalls auch ohne die Zeichen der Sprachen verstünde; dessen körperliche Bildung, Anstand und ganzes Benehmen angemessen wäre dem Karakter, den er darstellen wollte; der wie mit einer magischen Ruthe die Sinne der Zuschauer zu fesseln weiß, daß ihre Seelen auf- und abwogen mit ihm im Sturme der Leidenschaft; der durch keinen Miston die allgemeine Täuschung schwächt oder zernichtet — Dieser Schauspieler ist, nach meinem Bedünken, groß. Aber wie viele von unsern deutschen Kunstgenossen dürfens wagen, unter dies Bild zu schreiben — Ich bins!

Gut könnte man denjenigen Schauspieler nennen, der durch Anstrengung und Kunstfleis den Mangel des Genies zu ersezzen strebt; der auch die Natur aufsucht und ihr opfert in ihrem Heiligthume, aber nur auf dem Pfade, den die Regel bezeichnet; der keine Rolle verdirbt, auch hier und da mehr als Bewunderung zu erregen weiß, aber nur selten mit der Allgewalt der Begeisterung auf Sinn und Gefühl des Zuschauers wirkt. Zwischen dem großen und guten Schauspieler findet etwa derselbe Unterschied statt, wie zwischen Natur und Kunst. Die Kunst schäft Dinge, welche der Natur ähnlich sind, aber sie kann ihnen nicht die innere Kraft, nicht die Fülle von Leben und Schönheit einhauchen, womit die Natur ihre Lieblinge ausstattet.

Das Bild des mittelmäßigen und schlechten Schauspielers brauch' ich wol nicht zu zeichnen, wir sehen's oft genug im Schauspielhause.

## Ueber Kabale und Liebe.
(Beschluß.)

Schiller will in seinen Trauerspielen nicht rühren, sondern gewaltsam erschüttern, daher häuft er die tragischen Vorfälle bis zum Unnatürlichen, und gewöhnlich bleibt von den Hauptpersonen seiner Stükke nicht eine einzige am Leben. Dies ist auch hier der Fall, wo Wurm, nachdem Ferdinand und Luise schon todt daliegen, zulezt noch seine und des Präsidenten Verbrechen laut bekannt macht, blos um das Vergnügen zu haben, mit demselben auf das Schafot zu steigen, und mit ihm zur Hölle zu fahren. „Ich will handeln wie ein Rasender", sagt er, und das thut er in der That. Ein Mann, wie Wurm, wird der aufbrausenden Empfindung des Ministers aus dem Wege gehen, sie abzuleiten, oder höchstens durch einen bedeutenden Wink ihren Ausbruch zu hemmen suchen; aber sich um nichts und wieder nichts auf das Schafot zu liefern — dies ist, um gelinde zu sagen, Sprung einer nach düstern Vorstellungen hängenden Dichterfantasie.

Aus dem unbegreiflichen Verschwinden der Frau Millerin entsteht eine Lükke im Gange des Stükkes. Sie sollte ja, wie Wurm versichert, unter den nemlichen Bedingungen mit ihrem Manne auf freien Fuß gestellt werden, und doch erscheint sie nicht wieder, und Mann und Tochter bekümmern sich auch nicht weiter um ihr Schiksal! Vermuthlich war sie dem Dichter in den lezten Szenen zu viel. Aber sie war doch nun einmal da, und so wollen wir von

ihrem Verschwinden Ursache und Beziehung wissen.
Und nun noch einiges über die Karaktere dieses
Trauerspiels.

Der Präsident ist ein Bösewicht von der schwär-
zesten Klasse, aber eben deswegen hätte der Dichter
die Farben durch einige gute Eigenschaften zu mildern
suchen sollen. Selbst Klugheit fehlt ihm, und die
Freiheit der Lenkung, das Einzige, was seinen Kabalen noch etwas Anziehendes geben könnte. Kein
Bild ist zurükstoßender, als des Schurken, der, nicht
vom Drange der Verhältnisse und Leidenschaften hingerissen, sondern kalt und überlegt, um unbedeuten-
der Absichten willen, an Tugend und Menschheit zum
Verräther wird. Alle Unternehmungen des Präsidenten zielen blos auf die Erhebung seines Sohnes.
„Wem zu lieb, sagt er zu demselben, hab' ich die
gefährliche Bahn zum Herzen des Fürsten betreten? Wem zu lieb bin ich auf ewig mit meinem Gewissen und dem Himmel zerfallen?
Wem hab' ich durch die Hinwegräumung meines Vorgängers Plaz gemacht? — — Wem
that ich dies alles?" Ich begreife wohl, daß ein
Mann, wie der Präsident, geblendet vom Nimbus
einer falschen Größe, dies alles und noch mehr zu
unternehmen fähig sein möchte, aber schwerlich, so
lange er die Ruhe des Gewissens, den Glauben an
eine Zukunft für mehr als Vorurtheil des Haufens
ansieht; und dies ist bei dem Präsidenten wirklich
der Fall. „Lohnest du mir also, fährt er gegen
seinen Sohn fort, für meine schlaflosen Nächte?
also für den ewigen Skorpion meines Gewissens? Auf mich fällt die Last der Verantwor-

tung, — auf mich der Fluch, der Donner des Richters — du empfängst dein Glük von der zweiten Hand — das Verbrechen klebt nicht am Erbe." Wer so weit gekommen ist in Vergehungen, dem ist Gewissen, Tugend, Himmel und Hölle Tand. Auch der schwärzeste Verbrecher sucht noch einen Schleier über seine Handlungen zu werfen, und bleibt ihm keine Bemäntelung übrig, so sucht er wenigstens sein moralisches Gefühl durch Sophismen zu betäuben, sucht Rechtfertigung oder doch Beschönigung für seine Verbrechen in Trugschlüssen und Zweifeln, er wizzelt und spottet über das Heilige, wo Scheingründe nicht hinreichen. Hätte Schiller dies bei seinem Präsidenten beobachtet, er wäre kein moralisches Ungeheuer geworden, wie es nur die überspannte Fantasie des Dichters schaffen kann, er wäre ein Bild aus unserer wirklichen Welt.

Wahrer und menschlicher ist der Karakter des Majors gerathen. Nur möchte man immer fragen: wie kömmt der Mann zu dem Sohne? Doch auch hier schweift die Einbildungskraft des Dichters bisweilen über die vorgestekte Grenzlinie. Gleich in der ersten Szene sagt Ferdinand zu Luisen, die ihn an ihre bürgerliche Herkunft erinnert: — „Wärest du ganz nur Liebe für mich, wann hättest du Zeit gehabt, eine Vergleichung anzustellen? Wenn ich bei dir bin, zerschmilzt meine Vernunft in einen Blik — in einen Traum von dir, wenn ich weg bin; und du hast noch eine Klugheit neben deiner Liebe? ꝛc." Wahrlich ein metaphisischer Liebhaber! In der Szene mit dem Marschall, wo Rache seine ganze Seele füllen mußte, und er der

Gegenstand derselben in seinen Händen hat, wo also Absprünge und Nebenideen weniger natürlich sind, fängt er auf einmal an über die Oekonomie der Welt zu philosophiren; auch entfährt ihm da ein Gleichnis, das wizzelnd und niedrig ist, höchstens als Spielwerk einer muntern Laune gelten könnte, und hier den Leser und Zuschauer im Momente der schauderndsten Rührung zum Lachen reizt. — „Wie er da steht — sagt er zum Marschall — dastcht der Schmerzenssohn, dem sechsten Schöpfungstag zum Schimpfe, als ob ihn ein Tübinger Buchhändler dem Allmächtigen nachgedrukt hätte." In dem hierauf folgenden Monolog verliert sein Karakter noch mehr. Er wähnt sich hintergangen von dem Mädchen, an dem er ganz hieng, das ihm alles war, auf das er einzig beschränkt hatte seine Hofnungen, seine Träume von Glükseligkeit, und nun sind Wuth und Rache die ersten aufgährenden Empfindungen in seinem Herzen, dies finden wir angemessen dem Gange menschlicher Leidenschaft; wenn aber nun seine Wuth so ausbricht — — Das Mädchen ist mein, Richter der Welt! Ich einst ihr Gatte, jezt ihr Teufel! Eine Ewigkeit mit ihr auf ein Rad der Verdammnis geflochten — Augen in Augen wurzelnd — Haare zu Berge stehend gegen Haare — auch unser holes Wimmern in eins geschmolzen — und jezt zu wiederholen meine Zärtlichkeiten, und jezt ihr vorzusingen meine Schwüre — Gott! Gott! die Vermählung ist fürchterlich, aber ewig! Das heißt denn doch bramarbasiren! Sonst bleibt sich der Karakter des Majors durchaus gleich — ein rascher, edeldenkender Mann, den Jugendfeuer und

Uebereilung der Leidenschaft in den Abgrund hinreissen.

Nach dem Leben ist der Hofmarschall von Kalb gezeichnet. Ein Mann, der alles und nichts ist, nur in der Hofluft ausdauert, und lebt und webt in den Neuigkeiten des Tages, dabei feig und voll Adelsstolz — o es ist ein Gemälde, zu dem die Originale unter jedem Himmelsstriche gedeihen. Sein ganzer Karakter malt sich in seinem Hasse gegen den Oberschenk von Bok, der ihm — vor zwanzig Jahren ein Kompliment der Prinzeßin weggeschnappt, und von ohngefähr die Frisur verwischt hatte, daß er ruinirt war auf den ganzen Ball!

Interessant und neu ist das Bild der Lady Milford. Ein Mädchen, das aus Noth und Mangel in die Arme eines Fürsten sinkt, deren großes Herz aber darbt unter den schnöden Vergnügungen des Hofes, die sich nach heissem Mitgefühl sehnt, wo sie nur Wallungen löschen darf, und ihren ganzen Einfluß zur Rettung des gedrükten Landes braucht — ist ein anziehender Gegenstand. Nur daß sie Luisen den Major abhandeln will, widerspricht ihrer großen Denkungsart. Auch ihre Flucht scheint mir nicht genug motivirt zu sein. Sie flieht zulezt, um die beiden Liebenden nicht zu trennen; aber dies konnte sie vielleicht durch ihr Dableiben besser bewirken. Sie wählt Niedrigkeit und Mangel, und doch hatten diese und der gewohnte Ueberfluß sie in die Hände des Fürsten gezwungen.

Der Sekretär Wurm ist zu schwarz, und auch nicht durch eine gute Eigenschaft gemildert.

Der Stadtmusikant Miller gehört in die niedrigere Volksklasse, scheint uns aber dem Dichter trefflich gelungen zu sein. Ein Mann, der mehr nach Launen, als nach Grundsäzzen handelt, rauh, bieder und geradezu, so spricht und handelt er durch das ganze Stük, die einzige Szene ausgenommen, wo er seine Tochter vom Selbstmorde abzubringen sucht. Hier verändert sich das Bild auf einmal, und der gute rohe Stadtpfeifer spricht wie ein moderner Philosoph, der seine Weisheit in Bildersprache kleidet. Diese Szene ist übrigens schön und erschütternd, nur in Hinsicht auf Millers Karakter unwahr. Etwas seltsam klingt es, wenn er in der darauf folgenden Szene mit dem Major seiner Tochter zumuthet zu bestätigen: sie habe den Brief an den Major geschrieben. Diese Kabale war ihm fremd, und er konnte von diesem Benehmen seiner Tochter gar keine Wirkung absehen.

Die Millerin ist ein Geschöpf, wie sie zu Tausenden unter dem Monde herumkriechen.

Luise — ein liebes, gutes Mädchen, von dem man nur nicht begreift, wie sie unter den Händen ihrer Eltern das werden konnte. Ihre Liebe zu dem Major wird bisweilen Empfindelei, so z. B. wenn sie sagt: „Dies bischen Leben — dürft' ich es hinhauchen in ein leises schmeichelndes Lüftchen, sein Gesicht abzukühlen! — Dies Blümchen Jugend — wär es ein Veilchen, und er träte darauf; und es dürfte bescheiden unter ihm sterben! ꝛc. Edel und schön, benimmt sie sich in der Szene mit der Lady — es ist rühmlicher Stolz in ihrem Betragen, das Gefühl ihres innern Werthes. Nur kömmt einem immer der Gedanke in die Queere: — woher hat dies Mädchen diesen Muth, diese Begriffe, diese Sprache? Hätte sie der Dichter allenfalls bei einem Verwandten irgendwo erziehen lassen, so wäre die ganze Schwierigkeit gehoben gewesen.

So viel über die Karaktere dieses Trauerspiels, dessen einzelne Schönheiten zu zergliedern ich für überflüßig halte. Sie sind nicht versteckt, und wer kalt bleibt bei ihrem Anhören und Ansehen, dessen Empfindung wird keine Kritik aufspannen können.

---

**Wer sollt' auch bei dem schönen Wetter ins Theater gehen —**

So sagten einige Frauenzimmer untereinander, die im Otto von Wittelsbach ohnweit mir saßen, und mit naiver Offenherzigkeit versicherten: das Schauspiel sei höchstens eine Unterhaltung für die langweiligen Winterabende!

Wer sollte bei dem schönen Wetter ins Theater gehen?

Frauenzimmer nicht, die blos dahin gehen, um zu sehen und gesehen zu werden; — Die ihre leeren Stunden eben so gut mit einem Schooshund chen, oder schalen Roman, oder Stadtmährchen auszufüllen wissen, als mit Shakespear's Meisterstükken; — Die sich anmaßen über die Kunst des Schauspielers zu urtheilen, indem sie seinen Anzug, seine Manieren mit dem Stabe der Mode und sogenannten feinen Lebensart ausmessen; — Die es sehr abgeschmakt finden, daß unsere rauhe, biedere Väter nicht so galant und geschmeidig sich benehmen als die Schmetterlinge, die sie umflattern, und die es für sehr indiskret halten, daß Otto um einer kleinen Plakkerei willen dem Kaiser so unhöflich begegnen und ihn ermorden konnte; — Die laut auflachen, wenn der gekränkte Otto auf Ludwigs Einladung voll Ingrimm erwiedert: Ich bin satt! und mit verzogenen Lippen auf das fühlende Mädchen niedersehen, das über das Schiksal der beiden Kaiserstöchter eine Thräne zu verbergen sucht; — Die — Doch wozu sollt' ich das ganze Register von Albernheiten hersezzen, womit so manche ihr Leben beflekken, die hinweggaukeln über die schönsten Blumen, und an Disteln kleben bleiben?

Empfindung ist des Menschen bestes Geschenk! Wohl dem, der sagen kann: Ich bin Mensch, nichts ist mir fremd, was den Menschen angeht. Wohl euch, ihr Wenigen, denen die Natur Sinn fürs Schöne gab, die nicht geizen mit ihren Thränen, auch wenn fremdes Unglük sie fordert! Ihr nur habt Genuß des Lebens, euch ist das Blümchen nicht unwerth, das zwischen rauhen Klippen sich verbirgt — Mühe erhöhet die Freude des Genusses. Ihr werdet die Gesellschaft derer nicht missen, die sich auf der schmalen Linie zwischen Konvenzion und Vorurtheil hindrängen, und wenn sie von diesen verlassen werden, dastehen wie die Marionettenpuppe, die keine Hand in Bewegung sezt. Mit euch will ich die Natur aufsuchen auf blühenden Frühlingsfluren, wo die Lerche im Morgenduft sich erhebt, und zwischen öden Felsen, wo kein freundliches Grün dem Auge winkt und nur die Ameise ihr Geschäfte treibt, und im Tempel des Künstlers, der Leben dem Marmor einhaucht und harte Massen wie geschmeidiges Wachs formt — aber am liebsten da, wo sie mir den Spiegel vorhält, der mein Inneres mir zeigt; wo sie mich bald mit dem Trauerschleier bedekt durch die mancherlei Szenen des menschlichen Elendes geleitet, bald lächelnd im Rosengewande mir vors Auge ruft die verschiedenen Gruppen der Thorheiten und Albernheiten, die auf unserm Ball in hundert Gestalten umherwandern — wo sie mich mit Menschen bekannt macht und mit mir selbst!

## An die kleine Cezilie.

Cezilie, noch hat nicht die Liebe
Dein kleines frohes Herz durchwühlt,
Der Freundschaft leise, holde Triebe
Sind alles, alles, was es füllt.

Ach, liebst du deine Ruh, dein Leben,
Entflieh, wenn Liebe winkt, entflieh!
Was dir der Himmel selbst nicht geben,
Nicht wiedergeben kann, raubt sie.

Kein Traum trübt deine Morgenröthe,
Nur Scherze gaukeln um dich her;
Dir tönen heiter Harf' und Flöte,
Dir rauscht die Quelle friedlicher.

Dir singt der Hain, dir singt die Wiese,
Dir wallt und wiegt die Blumenflur;
Entflieh der Liebe, und genieße
Den ganzen Reichthum der Natur.

Was suchst du hier in diesen Lauben?
Was willst du hier in Amors Hain?
Was spähest du nach seinen Tauben?
Warum, sag', irrst du so allein?

Du seufzest, und dein Aug' wird trübe?
Entflieh, entflieh aus diesem Hain!
Doch — willst du lieben: gut, so liebe! —
So liebe! liebe — mich allein.

---

### Nachrichten.

An dem Herrn Schauspieldirektor Koch aus Riga hat unsere Bühne einen einsichtsvollen Direktor und einen Künstler erhalten, dessen Verdienste entschieden sind. In Frankfurt debütirte er mit dem Marquis von Posa in Don Karlos, und hielt nachstehende Rede: —

Vergönnet, Theureste! dorthin zurük
zu kehren, einmal noch, dem Thränenblik,
wo er am Dünastrom sein Vaterland
bei guten Menschen wiederfand.
Das lezte feierliche Opfer frommer Pflicht!
Bezahlt wird dann, was ich gelobte, sein,
Und dieser Abenddämmrung Purpurlicht,
die sich an deinen Rebenhügeln, stolzer Main,
— ein lang entbehrtes Schauspiel — bricht,

wird seine lezte Strafen traulicher
zum Minnesold, hinauf vom Abendmeer,
um deinen Neuvermählten streun.

Er aber, nicht mehr Fremdling, weihet Hand
und Herz in dieser Stunde — selbst ein teutscher
Mann
mit teutschem Biedersinn — nur Euch! Bekannt
mit seinen Pflichten, wird fortan
Verehrungswürdigste! nur Euer Kunstgefühl
sein Richter — wird sein Strebeziel
nur Euer Beifall sein, und Euer Gerngesehn
wird obenan vor allen Wünschen stehn.

Nehmt diesen Handschlag! und der Eurige
verbürge mir, Verehrungswürdigste!
„ daß meiner Zukunft Misgeschik besiegt,
„ in Eures Wohlthuns goldnen Fesseln liegt;
verbürge mir das Glük, an Eurem Sonnenschein,
„ erhabne Väter dieser Stadt! zu wärmen
mich,
„ und so des Pilgerlebens froh zu sein:
Dann regt kein Schmerzgefühl im Busen sich,
und jede Sorge wird an diesem Kunstaltar
vom Vorgefühl der Wonne aufgeküßt:
„ daß Euch der Neuvermählte Alles ist,
„ was Euch der Gastfreund war. —

Ihr aber, die der Künste Rosenband
an meinen Busen knüpft! ich bitt' Euch, seid
mir Schwestern — seid mir Brüder! Unbekannt
bleib Neid und Zwietracht uns! Nur dann gedeiht
die Lorbeersaat, zur Erndte ausgestreut.

Frankfurt den 23ten April 1788.

Gestern trat Madame Unzelmann, als am Abend vor ihrer Abreise, zum leztenmal als Nina auf, ward herausgerufen, dankte, und nahm öffentlich vom Publikum in einer kurzen Rede Abschied, die ihrem Herzen und Geiste Ehre macht. Sie spielte ihre Nina unübertreflich, und ganz des ungeheuchelten Beifalls würdig, den man ihren großen Talenten zollte, und allenthalben zollen wird. Heute reiste sie mit ihrem Manne nach Berlin ab. Möchte ihr Verlust bald ersezt werden!

———

### Hochheim.

Seid mir gegrüßt im Glanz der Morgensonne,
Ihr Hügel, wo der Nektar Hochheims reift,
Und wo, wie Thau aus Rosen, Lebenswonne
Aus goldnen Beeren träuft.

Ha, seht — mir winkt die freundliche Najade,
Sie sizt am gelben väterlichen Main,
Und beut mir lächelnd ihren Strom zum Bade,
Zum Tranke ihren Wein.

Ich komme, baue dorten meine Hütte,
Und ziehe dann mit meinen Freunden hin,
Und jede Sorge wird aus unsrer Mitte
Mit scheuem Fus entfliehn.

Nicht reizen mich die Pomeranzenhaine
Von Wälschland, noch Tahiti's Zauberflur,
Dort kennt man statt des Nektars von dem Rheine,
Den Saft der Kokos nur.

Was sollt' ich auch in einem fernen Lande
Die Freude suchen? wohnet sie doch hier,
Und beut den Labebecher, bis zum Rande
Gefüllet, lächelnd mir.

Hier will ich wohnen, will mit Laub und
                    Blüten
Die Stirne kränzen, mich der Erde freun,
Und find' ich irgend einen Lebensmüden,
Lad' ich ihn zu mir ein.

Der erste Becher wird ihm Ruhe geben,
Beim zweiten röthet seine Wange sich,
Und dankbar segnet wieder er das Leben,
Und Hochheims Wein und mich.

Dem Mädchen, die vom Kusse weg sich bükket,
Schenk ich den Fünftelsaft* der Götter ein,
Und inniger an meine Brust gedrükket,
Lobpreiset sie den Wein.

Hinweg ihr Weisen mit den kalten Lehren,
Die ihr in Büchern schreibt und ihrer lacht,
Kommt, lernt beim Wein den Ueberflus entbehren,
Lernt, was zufrieden macht.

\* Quem quinta nectaris parte ulnua imbuit.
                                                HORAT.

# Tagebuch
## der
## Mainzer Schaubühne:

### VI. Stük.

Freitags am 18ten des Aprils wurde das hiesige Theater mit der Operette: Die Liebe unter den Handwerksleuten, wieder eröfnet. Ueber die Aufführung kann ich nichts sagen, denn ich sah das Stük nicht, weil ich keine Lust hatte, Langeweile zu bezahlen.

Samstags den 19ten ward Otto von Wittelsbach, kombabusirt von Steinsberg, gegeben. Herr Koch eröfnete das Stük mit einer Rede, die er mit Wärme und Anstand — überhaupt vortreflich beklamirte. Das Stük selbst gieng, im Ganzen genommen — sehr mittelmäßig. Es fehlte überall; sogar des Kaisers Leibwache machte Konfusion; ich gehe aber darüber hinaus, so wie über die Nachläßigkeit des Kaiserlichen Hoftapeziers, der das Kaiserliche Gemach mit einer wollenen Dekke über den Audienztisch und einigen sehr abgenuzten Stühlen versah, die wieder samt und sonders in der Burg des Ritters Friedrich vorkamen; eine Sache, welche die Direkzion nicht dulden sollte: denn auf der Bühne ist nichts Kleinigkeit.

Herr Koch spielte den Otto — wirklich Otto, der gute, starke, biedere, unerschrokkene Wittelsbacher — ganz Otto, wenn er den blauen Ritter vor sich hat — ganz Otto, so oft er mit dem Philipp hadert, ihn an sein Wort erinnert, und den Wortbrüchigen als deutscher Mann und Fürst seine Nichtswürdigkeit fühlen läßt; ganz Otto, wenn Ritter Friz ihm den Verrätherbrief liest — und er dann vor den Kaiser wieder tritt so stolz, so voll edlen Trozzes, so sicher seiner guten Sache, so im Gefühle seiner eigenen Kraft — jede Miene, jede Bewegung so wahr — und der ganze Karakter so treu aus seinem Jahrhundert genommen! — Wie er dann aufbrauſt, der gesezte, beleidigte, verachtete Mann, nicht wie ein Knabe aufgährt, sondern aufbrauſt wie ein Mann — ihm nachſtürzt im Allgefühl der Beleidigung dem verächtlich drohenden Kaiser — und ihn ermordet. — Koch hat sich glüklich zur kühnen wilden That vorbereitet, und seine Empfindung wuchs anschaulich stufenweis bis zur Wuth, die wie ein Strom losriß, und jedes andere Gefühl verschlang. So kam er von gesättigter Rache taumelnd — von Entsezen ergriffen — den wilden Blik starr nach dem Ort der raschen That gekehrt — von seinem Bruder fortgerissen, ohne daß er wußte wohin — so kam er zurük und rief mit gepreßter, abscheu- und entsezenvoller Seele das: Kaisermord! Im 5ten Akt aber sah der Redner, der Künstler durch, und Otto verlor ein wenig dabei, er sank etwas zu tief ins Troſtloſe, ins Bängliche, davon die Schuld wohl auch am Dichter liegen mag. Herr Koch spricht, deklamirt, akzentuirt ungemein richtig, mit Wahrheit und Einſicht. Er hebt jede Stelle, wie sie der Dichter gedacht haben mag, und beweiſt, daß er den Menschen und seine Kunſt in allen Theilen

studiere. Sein Spiel ist nicht unbändiges Knaben=
geberden. Otto war kein rascher Jüngling, er war
ein gesetter Mann, deutsch, stolz und muthig. Sein
Spiel ist Natur und Wahrheit, nur schien er mir
hie und da zu tief ins Allzunatürliche herabzusin=
ken, was sich mit dem Kothurn nicht allzugut ver=
trägt. Auch wünschte ich, daß er auf sein Organ
aufmärksamer wäre. Die meisten emphatischen Stel=
len schließt er in einer widrigrauhen Tiefe; Inzwi=
schen wird man ihm bei so großen Vorzügen gern
diesen kleinen Schatten zu gute halten. Er ward
herausgerufen, und schien von dem Beifall des Pu=
blikums so gerührt zu sein, als er ihn verdient
hatte.

Herr Cziky den Wolf. — Grosmann als
Wolf wird unvergeßlich bleiben. Wär es nicht bes=
ser gewesen, wenn er den Ritter Friz; und Herr
Stegmann, dessen Sache Ritter gar nicht sind,
den Wolf übernommen hätte?

Bei den übrigen Herren kann ich nicht ins De=
tail gehen. Die meisten haben sich wieder weidlich
versprochen und oft Unsinn daher gebracht, woraus
niemand klug werden könnte. Ueberhaupt hat diese
Unachtsamkeit bei hiesiger Bühne sehr überhand ge=
nommen. Man sollte die Herren und Damen nach=
drüklicher anhalten, besser zu memoriren, dann —
den Geist, den Karaker ihrer Rollen zu studiren, und
das auszumalen, was der Dichter nur leicht, oder
auch gar nicht gezeichnet hat; eine Sache, die den
Künstler allein ausmacht, die das Schauspiel von
Schüleraktionen unterscheidet, und die bei uns — ich

möchte sagen — mit Mühe und Vorsaz vernachläßigt zu werden scheint, weil das Publikum zu nachsichtig ist.

Ueber die zwo Kaiserlichen Prinzessinnen ist ebenfalls nichts Gutes zu sagen. Beide waren nicht an ihrer Stelle. Sie sprachen ihre Rollen so ziemlich gewissenhaft herunter, und nimmt man noch den grotesken Anzug — ein lächerliches Gemische von spanisch-französischer — alt und neuer Zofentracht dazu, so waren's zwo sehr sonderbare Prinzessinnen. Ueberhaupt ist zu wünschen, daß das Frauenzimmer sich besser nach dem Kostüme zu kleiden lerne; eine Sache, die meistens aus Gemächlichkeit vernachläßigt wird, und deren Unterlaß unverzeihlich ist.

---

Ich gebe hier noch eine Kritik von andrer Hand über die nemliche Vorstellung, und hoffe, daß Schauspieler und Publikum beide nicht ungern vergleichen werden.

Herr Koch trat verwichenen Samstag als Otto von Wittelsbach auf, und rechtfertigte durch sein vortrefliches Spiel die großen Erwartungen, die man von ihm hatte. Er besizt Anstand, Feuer, bringt tief in den Geist seiner Rolle, und macht auch die feinsten Nüanzen sichtbar. Nur scheint seine Brust etwas schwach zu sein, und er kann daher nicht mit erforderlicher Anstrengung den Stufengang der Leidenschaft verfolgen; doch vergißt man diesen Fehler über der Wahrheit seines Gebehrdenspiels, wodurch er mehr, als durch die Töne der Sprache, die Seelen der Zuschauer hinreißt und erschüttert. — In den ersten Szenen schien er mir etwas verlegen zu sein; aber in der Unterredung mit dem Herzog Ludwig war er ganz der biedere, rauhe Baier, dem sein Vaterland Alles ist, der Trug und Ränke haßt, und das Herz auf der Zunge trägt. Schneidend sprach er die Worte: — „Was haben euch eure Vorältern und euer Land gethan, daß ihr dies Weib zu eurem Weibe machtet?" und wie ihm nun Ludwig versichert, daß durch diese Heirath Ottokar mit Philipp ausgesöhnt seie — wie ihn da Staunen und Unwille ergrif, bis er im halb unterdrükten Gefühle der Beleidigung ausrief: — „Beim Himmel! das ist nicht recht! — — Nun, nun, wo's keine Todesgefahr giebt, braucht man den Otto nicht." Eben so ganz Natur, so ganz entsprechend dem Karakter des deutschen Mannes von alter Sitte war sein Benehmen in dem Auftritte mit Graf Wenzel, der ihn von der Heirath der Kaiserlichen Prinzessin mit Ottokarn benachrichtiget. — Getäuscht von dem Kaiser, der ihm alles verdankte, dem er mit seinem Blute den Weg zum Throne gebahnt hatte — zernichtet auf einmal der schöne Traum von häuslichem Glüffe, wo er sich zu erholen und Ersaz zu finden gehoft hatte in den Armen der guten Beatrix und seiner guten Kinder — sein ganzes Wesen schien gelähmt, er wurzelte am Boden, und kaum vermogt' es seine Zunge, die Frage heraus zu stammeln.

Ich müßte manche Szene abschreiben, wenn ich auch nur das vorzüglichste in Kochs Spiel bemärken wollte. Nur die erste Unterredung mit Philipp muß ich noch berühren und die Szene, wo ihm Friedrich von Reuß den Verrätherbrief liest. In der Unterredung mit Philipp war er ganz der Deutsche, der Baier, der Wittelsbacher, dem er Wort zu halten, den Kaiser mit eblem Troz und im erhebenden Bewußtsein seines Werthes flehte. Die Worte: Ich bin ein deutscher Fürst — Ich bin ein Wittelsbacher — sprach er mit dem Tone des steigenden Ingrimms und Stolzes, und verrieth dadurch nicht gemeine Menschenkenntniß. Treffend beobachtete er in der Szene, wo ihm der alte redliche Friz den Verrätherbrief vorlas, den stufenweisen Gang der Neugierde. Aufmärksam, aber doch ruhig, hörte er anfänglich, weil er dem Kaiser wenig Gutes zutraute; doch Verwunderung und Befremden malten sich bald auf seinem Gesichte, da er nun andre Worte hörte, als ihm der Kaiser gelesen hatte. Er rükte dem Ritter näher, und hieng, ganz Ohr, an seinem Munde — und wie nun Philipp ihn als einen gefährlichen zu Aufruhr geneigten Mann schildert — da wurzelte sein Blik, ob er gleich nicht lesen kann, auf dem Papier, sein Busen schwoll von Wuth und glühender Rachgier; Wuth zukte in den Spizen seiner Finger, und unwillführlich ergrif die Hand den Teppich auf dem Tisch, und wollt' ihn zermalmen. Es ist eine glükliche Bemärkung, die Herr Koch hier anbrachte — In Worte konnte der Ingrimm Otto's noch nicht ausbrechen, denn er wollt' erst den ganzen Inhalt des Briefes wissen; der Gegenstand seiner Rache war fern, und in solchen Augenblikken, wo die kochende Leidenschaft alle Besinnungskraft verschlingt, verwechselt der Mensch die Gegenstände. Es wird ihm Drang, seinen Groll — wärs auch an leblosen Dingen — auszulassen. Ich habe Hrn. Koch tadeln hören, daß sein Spiel da, wo er den Philipp ermordet, nicht Mannigfaltigkeit und Deutlichkeit genug gehabt habe. Der Tadel dünkt mir sehr ungerecht. Wenn die Seele aufs höchste gespannt ist von einer Leidenschaft, dann gebehrdet sich und handelt der Mensch wie ein Taumelnder; alle Gegenstände um ihn verlieren sich in Nacht; es lastet auf ihm, wie ein Gebirg; jegliche Kraft scheint gelähmt, bis auf einmal die fürchterliche Stille in einen Sturm ausraßt, der sich in einer Art von Ohnmacht endigt, und so war Kochs Spiel. Wer bebte da nicht, als er das Schwerdt zog, die Fülle von Wuth seine Brust zu zersprengen drohte, und er um sich schauend aufrief — Herzog Philipp — warum bellen die Hunde so? Einige Fehler von Herrn Koch sind in dem vorstehenden Aufsazze gerügt worden; ich muß noch einen hinzufügen, daß nämlich die Bewegung seiner Hände zu einförmig ist, und nicht immer den gehörigen Anstand hat. Dies sind kleine Flekken, aber sie sind häßlicher an einem schönen Bilde, als sie an einem andern sein würden.

Die übrigen Rollen des Stüks übergehe ich wegen Mangel des Raums; nur die beiden Prinzessinnen — Mad. Günther und Mad. Wolschowsky möcht' ich bitten, künftig — keine Prinzessinnen mehr zu spielen. Die ungeschminkte Offenherzigkeit, die naive Unschuld, die Güte und Einfalt, welche diese Kaiserstöchter karakterisiren, sind nicht

so leicht nachzukünsteln, als diese Damen vielleicht
glauben. Ihr grotesker Anzug ist oben schon gerügt
worden, und ich muß noch hinzusezzen, daß es in
dem Mittelalter noch nicht Sitte der deutschen Mäd=
chen war, mit entblößtem Busen im Publikum zu
erscheinen. Sittsamkeit war damals kein Wort ohne
Bedeutung, selbst unter Kaiserstöchtern nicht, und
Koquetterie vertrat noch nicht — Dank dem
Genius unsers Zeitalters, daß die Sitten feiner
wurden! — die Stelle der Liebe.

---

## Aus einem Schreiben

Frankfurt am 24ten des Aprils 1788.

Montags den 21ten wurde der Ring, ein Lust=
spiel in fünf Aufzügen, gegeben. Dieses Stük
verräth einen Verfasser, der Welt und Menschen nicht
blos aus Büchern kennt. — Seine Zeichnungen
sind meistens richtig, seine Situazionen zum Theile
neu, seine Sprache rein und gefällig. Nur die In=
trigue mit dem Ring scheint mir zu verbraucht, und
die Hauptverwikkelung — daß sich zwei Eheleute nach
zehn Jahren nicht mehr kennen und wieder in einander
verlieben sollen — zu unwahrscheinlich. — Herr
Stegmann als Baron Holm zeigte sich als einen
guten komischen Schauspieler, der nichts übertreibt,
der das Lächerliche vom Possierlichen zu unter=
scheiden versteht, und auch da, wo das Bild des
Dichters Karrikatur wird, dasselbe der Natur näher
zu rükken weiß.

Herr Wolschowsky als junger Holm verdiente heut Beifall, den er nicht erhielt. Er trägt ganz den Karakter des feinen Heuchlers, der die Maske schnell abzulegen und aufzuhängen weiß, je nachdem es sein Vortheil heischt. Nur in der Unterredung mit der Frau Baronin fiel er auch zuweilen in diesen Ton, und doch sollte da blos der Weltmann sprechen.

Herr Cziky — Graf von Klingsberg. Er verstand seine Rolle, aber es fehlte ihm an Weltton, dieselbe auszuführen. Klingsberg ist kein plumper deutscher Stuzzer — In seinen Handlungen und Manieren scheint französische Eleganz und Verfeinerung durch. Derlei Geschöpfe wissen ihren Albernheiten immer einen Anstrich von Lebensart zu geben; Urbanität — man verzeihe mir dieses fremde Wort, da ich kein deutsches kenne, das den Begrif erschöpfte — Urbanität und eine gewisse Grazie umhüllen, wie ein leichter Schleier, ihre Thorheiten, und benehmen ihnen das Auffallende und Widrige. Aber man muß vertraut sein mit der großen Welt, wenn man diesen Ton treffen will. Freilich hat der Dichter in seinem Klingsberg hier und da diese Linie selbst überschritten, aber da wird es Pflicht für den Schauspieler, ihn ins Geleis zurükzuführen.

Mad. Böheim, als Baronin v. Schönhelm, war heute nicht ganz an ihrem Plaz. Konversazionsszenen gelingen ihr weniger gut, als leidenschaftliche — ihr Spiel war zu lebhaft. In der feinen Welt muß sich auch die Empfindung unter den Druk der Konvenzion und sogenannten Lebensart schmiegen; die Uebergänge von Heiterkeit zum Unwille, von Kälte zum Spott, von einer Empfindung zur andern sind hier leichter und feiner, ihre Farben sind milder und weniger abstechend. Anders ists im Trauerspiele, wo heftigere Ausbrüche der Leidenschaft dergestalt wirken, die dann wie ein Strom sich empört und die schwache Verzäunung der Etikette niederreißt. Das Spiel der Mad. Böheim hob sich im lezten Akte, wo ihre Empfindung mehr einstimmte in die Töne des Dichters.

Mad. Günther als Kammermädchen schien heut an ihrer Stelle zu sein, nur sollte sie den Ton ihrer Stimme hie und da zu mäßigen suchen.

Die übrigen Herren und Damen werden mir's zu gute halten, daß ich sie schon wieder mit Stillschweigen übergehe — Leider! könnt' ich wenig zu ihrem Vortheile sagen.

*Mittwochs den 23ten das Mädchen von Fresfati, Operette.*

Ich konnte nur bis zu Ende des ersten Akts aushalten, doch hab' ich bemärkt, daß Mlle. Wilmann — die heute wieder zum erstenmale die Bühne betrat — bei einer angenehmen Stimme und vieler musikalischen Kunst sehr grimassire, daß Mde. Walther eine feine, liebliche und biegsame Stimme besizze, und daß Herr Frankenberg sich in niedrigkomischen Rollen nicht übel zu benehmen wisse. Ich wünschte ihn hier öfters auftreten zu sehen.

Noch einige Bemärkungen an die Herren und Damen von der Bühne. — Warum richten sie meistens ihre Reden an das Publikum? Hat der Schauspieler etwas mit demselben abzuthun?

Warum sind die Mitspielenden so unachtsam auf das, was die Person, an der die Reihe zu sprechen ist, sagt?

Warum gehen diejenigen, die etwas beiseite zu sprechen haben, immer von den Personen, mit denen sie Unterredung haben, weg und bis an den Vorderrand der Bühne, wo sie ihre geheime Gesinnung dem gesammten Publikum ins Ohr flüstern? — Damit es aber ja der neben ihnen stehende nicht höre!

## Theaterstükke.

**Cuenna, ein Trauerspiel in vier Aufzügen. Koblenz 1788.**

Der Stof dieses Trauerspiels ist aus einer Erzählung von Meißner entlehnt, und scheint mir nicht glüklich gewählt. Was bei dem Vortrage des Dichters interessirt, wird oft langweilig, wenn es auf die Bühne gebracht wird, und dies möchte hier gerade der Fall sein. Die Karaktere sind nur im Profil hingeworfen, und haben wenig Neuheit, wenig was unsre Theilnahme erregte. Cuenna stiftet eine Verschwörung an, und sucht ihren Geliebten zu ermorden, weil er vielleicht untreu sein möchte; und solch einer Furie konnte Vivonne seine Liebe schenken? konnte sich in ihren Armen ein glükliches Leben träumen? Vivonne selbst wäre ein anziehender Karakter geworden, wenn der Dichter die Hauptzüge mehr herausgehoben, mehr durch Handlung entwikkelt hätte. Er erscheint als ein junger Mann, der sein Herz theilt zwischen seinem Vaterlande und seinem Mädchen, aber doch zulezt den Ruf der Ehre vorzieht den Kosungen der Liebe. Aber wie kann er an dem elenden Mürville hängen, von dem man in den ersten Akten gar nicht weiß, was man aus ihm machen soll, der gar keinen Karakter hat, und nur gegen Ende sich noch als ein Schurke auszeichnet? — Auch der Plan des Stüks ist sehr übel gerathen. Der 1te Aufzug schließt sich damit, daß Vivonne sich aus Cuenna's Armen losreißt, die ihm ins Treffen folgen wollte, und daß sie sich endlich bereden läßt, zurükzubleiben. Wir erwarten nun nichts mehr, oder höchstens den Ausgang des Treffens, aber dieses wirkt gar nicht in den Plan der Handlung, ist nur zufällige Nebengeschichte. Schon im 1ten Akt muß, wenn ich so sagen darf, der Saame zu allem Folgenden ausgestreut werden, schon da müssen wir alle die Dinge, die da folgen sollen, ahnden können, oder sie doch zulezt in der ersten Anlage gegründet finden. Ich möchte unsern jungen dramatischen Dichtern rathen, das Kapitel vom pragmatischen Gedichte in Engels Poetik zu studieren, ehe sie sich an derlei Arbeiten wagen. — Ruyter kömmt mit seinen Söhnen in das Stük ohne alle Verbindung, ohne alle Ursache, als weil es vielleicht der Laune des Dichters so gefiel. Was hat der tapfere Seeheld, was haben seine Söhne mit der Eifersucht Cuenna's zu thun? und wie schwankend, wie widersprechend benimmt sich der biedere Mann bei der Drohung Cuenna's, den Vivonne zu ermorden? Es ist nicht genug, daß der Redlichdenkende eine solche That verabscheue, er muß sie auch zu hindern suchen, und dies lag auch in Ruyters Denkart; aber freilich dann wär' auf einmal der ganze Knoten zerhauen gewesen, dann hätte die Heldin des Stüks nicht mehr durch ihre pathetische Rede ein ganzes Volk, das den Vivonne so eben im Triumph eingeführt hatte, zur Rache reizen können (und, was das sonderbarste ist, dieses Volk hingerissen durch die herzbrechenden Tiraden, will Ehre und Leben einer Närrin opfern, weil sie von ihrem Geliebten verlassen zu sein vorgab, bringt auf Ermordung seines Retters!) Mürville wird zulezt das Opfer ihrer Wuth, und hier auf einmal legt sich dieselbe. Gegen Vivonne, den Gegenstand ihrer Rache, äussert sie nun wieder Liebe, und — um recht pathetisch zu enden — kehrt den Dolch gegen sich selbst. — Vivonne zerschmilzt, wie ein Knabe, an ihrer Leiche in Thränen.

Die Sprache in diesem Stükke ist gesucht und preziös, und der Dialog sehr hart.

---

## Plan zur Errichtung einer stehenden Bühne in Mainz.

### (Beschluß.)

An verschiedenen Orten wird die Einnahme von Redouten und Bällen zu den Theaterkassen gezogen, und das könnte füglich auch in Mainz geschehen, so würde die jährliche Einnahme um ein beträchtliches erhöhet werden. Freilich würde der eine oder der andere hierüber mächtige Klagen erheben, aber soll das allgemeine Bedürfniß dem Vortheile des Einzelnen nachstehen? — Ein stehendes Theater bedarf zu Erhaltung und Vervollkommenung einer Schule und eines Gesezbuches für Schauspieler. Eine Schauspielerschule, die wir in Deutschland noch nicht haben, hätte die Vortheile, daß 1) die Begriffe von der Würde und dem Nuzzen des Schauspielers allgemeiner und geläuterter würden, 2) daß sich nicht mehr jeder Auswürfling und Schwächling zum Theater dringen könnte, 3) daß wir gebildete Schauspieler erhielten, die ihre Kunst nicht als Profession erlernt, sondern mit allen nöthigen Vor- und Nebenkenntnissen studirt hätten, 4) daß auch der sittliche Karakter der Schauspieler sich verbesserte,

5) daß es so nie an tauglichen Subjekten fehlte, und man nie abhängig wäre von den Kaprizen gewisser Künstler, die bei einer Theatergesellschaft oft allerlei Unordnung anrichten. Gesezze sind, so wie bei jeder Gesellschaft, also auch bei Schauspielern, unentbehrlich. Ich rede hier nicht von dem Schauspieler, in wiefern er ein Mitglied der bürgerlichen Gesellschaft ist, denn in dieser Beziehung sind die Gesezze des Staates, worinn er lebt, auch die seinige; aber er hat noch ein besonderes Verhältniß als Schauspieler, und auch hieraus entspringen mancherlei Verbindlichkeiten, worüber ich mich zu einer andern Zeit erklären werde.

---

## Das Mädchen im Frühling.

Der Himmel ist so blau,
So schön die Blumenau,
So grün und weis die Zweige —
Es singt und summt so fröhlich im Gesträuche.

Einst konnt' ich auch mich freu'n,
Als noch, wie Blüthen rein
Und leicht, das Herz mir hüpfte,
Und sorgenfrei mir jeder Tag entschlüpfte.

Ich sank, von Liebe warm,
In eines Jünglings Arm,
Da floh mein innrer Friede,
Ich weine nun bei Philomelens Liede!

Kein Frühling lacht mir mehr,
Und öd und freudeleer
Seh' ich die Tage nahen,
Die mich, ach einst! in Unschuld glüklich sahen.

O Mädchen, glaubet nicht,
Was euch ein Jüngling spricht!
Baut nicht auf Männertreue,
Sonst kaufet ihr zu theuer späte Reue.

Im Schooße der Natur
Fühlt ihr den Stachel nur,
Und bebt, wenn Blüthen fallen,
Und weint, wie ich, ins Lied der Nachtigallen.

---

Da man den Preis dieser Blätter etwa zu hoch finden könnte, so wird der Subscripzionspreis für den ganzen Jahrgang auf 4 Fl. herabgesezzet, jedoch daß mit dem ersten Bogen jeden Quartals 1 Fl. pränumeriret werde. Die Innhaber der 5 schon herausgekommenen Stükke bezahlen daher für gegenwärtiges erste Quartal noch 30 Kr. Einzelne Bögen kosten 6 Kr.

*Der Herausgeber.*

# Tagebuch
### der
# Mainzer Schaubühne.

## VII. Stük.

Freitags — 18ten April — der Vetter aus Lißfabon von Schröder, und die glückliche Ehe, ein Nachspiel.

Ich war heut etwas schwer zu befriedigen, denn ich hatte in den Rollen Wagners, Sievers und Sophiens einen Beil, Bek und eine Withöft gesehen, und ihr unnachahmliches Spiel bewundert; aber ich muß zur Ehre Stegmanns, Kochs und der Mad. Böheim bekennen, daß sie heut neben jenen einen rühmlichen Plaz verdienten. Herr Stegmann sprach in den ersten Szenen einige Stellen mit dem Tone des Ernstes, wo Rührung hingehörte; aber meisterhaft war sein Spiel in dem Auftritte, wo ihm Sophie ihre heimliche Heirath entdekte. Kaltes Schrekken ergrif ihn anfänglich, da er aus ihren gebrochenen Reden glaubte, sie sei entehrt; aber als sie ihn nun von ihrer wirklichen ehelichen Verbindung versicherte, da verbreitete sich über sein ganzes Wesen Zorn und das fressende Gefühl vereitelter Hofnung, und doch schimmerte hier und da der schwache, zärtliche Vater durch, der über dem Elende seiner Kinder sein eigenes vergißt. Aber Sophie war nicht nur Gattin, sie war auch Mutter, Mutter eben dieses Kindes, dem der gutherzige Wagner noch vor wenig Minuten sein leztes Geld als Almosen gegeben hatte, das er für das Kind eines Tagelöhners hielt — und diese Nachricht war ihm kränkender, als die erste. Seine Tochter konnte die Stimme der Natur verläugnen, das Pfand ihrer Liebe preisgeben dem Elende — dies empörte das ganze Gefühl des so menschlichen Mannes; er stieß sie von sich und verbarg sein Gesicht, zu schwach, die Szene des Jammers zu ertragen. Doch das arme Mädchen konnte sich entschuldigen: Wie hätte sie es wagen dürfen, ihrer Stiefmutter, die sie und ihren Vater so nachdrüklich ihre Herrschaft fühlen ließ, sich zu entdekken? Wie hätte der schwache, nachgiebige Vater sie gegen Mißhandlung schüzzen können? Wagner begreift dies — Das ganze Gefühl: deine Schwäche ist schuld an alle dem Elende — ergreift ihn, er stürzt zu den Füßen seiner Tochter hin, und fleht um Vergebung. Es ist dies eine der rührendsten Situazionen, die ich auf der deutschen Bühne kenne, und Herr Stegmann wußte die Allgewalt der Empfindung, ihren raschen Wechsel, ihr tobendes Zusammenbrausen, wenn ich so sagen darf, so wahr dazustellen, daß gewiß nur wenige Zuschauer nicht bis ins Innerste erschüttert wurden. Eben so richtig, so getreu der Natur war sein Spiel in der Szene, wo der Kanzleirath die Hand Sophiens ausschlägt. Er sah nun vereitelt seine lezte Aussicht, sich und die Seinigen dahingegeben dem Mangel und der Verachtung — stumm war sein Gram, ein fürchterliches Lächeln, wie es nur die Verzweiflung erzeugt, zukte auf seinen Lippen, und sein Blik und jede seiner Mienen sprach Wahnsinn und Verzweiflung.

Mad. Fiala — Wagners Frau. Ganz das eitle stolze Weib, wie es, leider! so manche giebt, die, um zu glänzen, sich und die Ihrigen zu Grunde richten; voll Affenliebe gegen ihre Kinder, geziert gegen ihres Gleichen, unbescheiden und grob gegen Niedrige. Ich hätte gewünscht, Mad. Fiala hätte diese Züge, statt sie durch ihr Spiel noch mehr herauszuheben, in etwas zu mildern gesucht, so wäre ihre Bekehrung gegen das Ende wahrscheinlicher geworden.

Mad. Böheim als Sophie, war heut ganz an ihrer Stelle, ganz das sanfte duldende Mädchen, das seinen Gram in sich verschließt, und sich willig opfert, um seine Eltern zu retten. Jeder ihrer Töne kam aus dem Herzen und drang ans Herz. Vornehmlich gefiel sie in dem Auftritte, wo der Vater in sie bringt, den Kanzleirath zu heirathen. Schmerz und Angst arbeiteten in ihrem Busen — sie konnte kaum Worte finden, die Geschichte ihrer Verbindung zu entdekken und ihrem Vater den lezten schwankenden Rohrstab noch zu entreissen. Als Sievers ihr die Nachricht von dem Tod ihres Gatten brachte und ihr zugleich seine Hand anbot — wie da Liebe und Gefühl kindlicher Pflicht so sichtbar in ihr kämpften, wie sie mit bebender Stimme, als wär es ihr Todesurtheil, ihrem Vater das Ja für den Kanzleirath gab, wie sie aus gepreßter Brust auf die Frage ihres Vaters: „Du nimmst ihn doch aus Liebe, und nicht, um uns zu retten?" das „Ja mein Vater, aus Liebe" herausstammelte und sich dann schnell wegwandt — wer weinte da nicht eine Thräne der Edlen!

Herr Koch zeigte uns im Sievers den strengen, redlich denkenden Mann, der seine Freunde durch Härte — weil sonst kein Mittel übrig blieb — zur Vernunft und Rechtschaffenheit zurükzubringen sucht, den warmen, nicht aufbrausenden Liebhaber, der an seinem Mädchen ihr Herz und ihren Geist, nicht ihre körperlichen Reize schäzt, der nicht tändelt und schwärmt, aber thätige Beweise seiner Liebe durch edle Handlungen giebt. Nur in dem schönen Auftritt, wo er Wagnern über seine Schwäche Vorwürfe macht, und ihm das schrökliche Gemälde der Folgen seiner blöden Nachgiebigkeit vorhält, wär sein Ton zu einförmig. Der Schauspieler muß mit dem Dichter steigen und fallen, und die Gradazionen desselben auch in der Deklamazion zu heben suchen. Es ist Schade, daß ein zu starker Körperbau Herrn Koch hindert, als junger Liebhaber aufzutreten.

Herr und Mad. Wolschowsky, als Wagners Kinder zwoter Ehe, faßten ihre Rollen gut, so wie heut überhaupt das ganze Stük gut gieng.

Herr Böheim, als Kanzleirath, verdient ebenfalls Lob. Der kalte, gesezte Mann kleidet ihn besser, als der rasche, feuervolle Jüngling.

Das Nachspiel, die glükliche Ehe, ist vermuthlich das Probestük eines angehenden Dichters, der nicht ohne Anlage ist; nur sollte er seine Menschenkenntniß ausser seiner Studierstube zu erweitern suchen. Das Stük gewann vornehmlich durch das feine Spiel des Herrn Stegmann und durch das naive Benehmen seiner beiden Kinder.

Samstags — 19ten April — Alexis und Justine, Operette — und die Heirath durch ein Wochenblatt, Lustspiel von Schröder in 1 Aufzug.

Im ersten Stükke ist eine sanfte, aber auch einförmige Musik an einen faden Text verschwendet. Unter den Spielenden zeichnete sich Hr. Frankenberg als Thiery, und Herr Wiedemann als Thomas aus. Vornehmlich traf der leztere glüklich den Karakter des plumpen reichen Pächters, der auf seine harten Thaler pocht, durch dessen Rohheit aber noch immer eine gewisse Gutmüthigkeit hervorblikt — sein ganzes Benehmen war Natur!

Die Heirath durch ein Wochenblatt ist ein drollichtes Ding, das die Zuschauer in einem fast ununterbrochenen Lachen erhält. Es müßte ein mürrischer Aristarch sein, der eine Plaisanterie von der Art, die ihren Zwek, zu belustigen, so gut erreicht, nach dem Leisten Aristots und Batteur's beurtheilen wollte. Genug, das Ding machte uns einen frohen Abend; ob nun der Plan fehlerhaft und unwahrscheinlich ist — wer wird darnach fragen!

Alle Schauspieler und Schauspielerinnen beeiferten sich in diesem Stükke das ihrige zur Unterhaltung des Publikums beizutragen; vornehmlich aber zeichneten sich Herr Frankenberg als Sperber, Hr. Böheim als Sprachmeister, Hr. Stegmann als Knochen, und Hr. Cziky als Willibald aus.

Noch etwas an die Schauspieldirekzion. — Man muß von der Kunst des Schauspielers sehr professionsmäßige Begriffe haben, wenn man einem

Manne oder Frauenzimmer zumuthen kann, wenn sie eine vorstechende Rolle im Hauptstükke gespielt haben, nun noch eine Hauptrolle im Nachspiele zu übernehmen. Glaubt man, der Künstler sei eine Marionettenpuppe, an der sich der Drat und die hölzernen Gelenke in Jahrhunderten kaum abreiben? oder hält man ihn für einen unempfindlichen Kloz, bei dem kein Eindruk haftet? Um so schlimmer in diesem Falle, wenn man ihm eine bedeutende Rolle zutheilt. Aber gesezt auch, Körper und Geist des Künstlers hielten eine so vielfache Erschütterung aus, wo soll er, wenn er sich nun in einer Rolle erschöpft hat, Laune und Stimmung der Seele hernehmen, sich so im Nu in eine andre schmiegen zu können? Wo sind diese Chamäleons unter Menschen, die die Farbe der Empfindung nach dem Lichte wechseln?

---

## Theaterstükke.

Der Magnetismus, ein Nachspiel in 1. Aufzug von A. W. Island. 1787.

Ohne mich über die heikele Materie des Magnetismus näher einzulassen, was auch ausser meinem Wege wäre, und worüber ohne strenge und kaltblütige Prüfung so mancher durch ehrwürdige Zeugnisse ausser Zweifel gesezten Thatsache schlechterdings nichts gesagt werden kann, glaube ich behaupten zu dürfen, daß Herr Island in dem vorliegenden Stükke seine Absicht nicht erreicht habe. Er wollte den Mißbrauch des Magnetismus, die damit verbundene Schwärmerei lächerlich machen, aber dazu wäre nöthig gewesen, uns gewisse unmittelbare Folgen und Wirkungen der überspannten Kunst vors Auge zu rükken, eine Sache, die freilich mehr Erfahrung und Menschenkenntniß vorauoszt, als man in diesen Blättern findet. Dafür läßt der Verf. seinen Hofrath und Lieutenant die bei magnetischen Kuren gewöhnlichen Manipulazionen blos nachäffen, um einen kurzsichtigen Kantor damit zu täuschen, und ihn bei dieser Gelegenheit um seine Tochter zu prellen. Wäre Chimie oder Naturgeschichte das Steckenpferd des Kantors gewesen, so hätten diese Wissenschaften eben so gut das Vehikel abgeben können, ihn zu berükken, ohne daß darum das Lächerliche auf diese Gegenstände zurükgefallen wäre. Es dünkt uns daher übel angebrachtes Selbstlob, wenn Herr Ifland in der Vorrede glaubt, er habe die Temperatur des Lachens in heisse Schwärmerei geworfen. Lachen erregt er allerdings durch einige wirklich komische Situazionen, durch treffende satirische Züge auf Pedantereien und Unarten der Gelehrten, obgleich auch manches Verbrauchte, wie z.B. die Späße des tauben Bedienten, mit unterläuft. Daß er aber „die Charlatanerien der emigrirenden Lehrer" lächerlich gemacht habe, wird ihm Niemand glauben, der dieses Stük gelesen oder gesehen hat.

Tugendprobe, ein Schauspiel in 5 Aufzügen von A. W. Jfland.

Es ist dies die zwote noch ungedrukte Fortsezzung vom Verbrechen aus Ehrsucht. Ungern sahen wir im Bewußtsein den reuigen, edlen Jüngling aufs neue preisgegeben der Verzweiflung — unaussprechlich elend durch das Bewußtsein einer einzigen schändlichen Minute. Der Verf. fühlte dies vermuthlich, und giebt uns hier den Beschluß seiner Geschichte. Walsing, ein Kaufmann, nahm den herumirrenden Ruhberg in sein Haus auf, und vertraute ihm die Aufsicht über seine Geschäfte, und machte den alten redlichen Christian zum Verwalter seiner Güter. Dieser Kaufmann hatte brei Kinder, zwo Töchter und einen Sohn. Karoline, die älteste, war in einen gewissen Major von Randau verliebt, dem sie der Vater auch auf Ruhbergs Fürsprache zur Gattin giebt. Marie, die zweite Tochter, ein sanftes, unschuldiges Mädchen, hängt ganz an Ruhberg, aber ihre Empfindung ist mehr als Freundschaft, es ist reine Liebe, die ihr noch fremd ist; Wilhelm, der Sohn Walsings, ist ein rascher, edelmüthiger Jüngling, den die Vorstellung: von seinem Vater weniger als seine Schwestern geliebt zu sein, und überspannte Begriffe von der weiten Welt zu dem Entschlusse bringen, seinem guten Vater etliche Rollen Geldes zu entwenden und damit auf Reisen zu gehn. Er entdekt sich Ruhbergen, und dieser überredet ihn in einer der schönsten Szenen des Stükkes, seinen Vorsaz zu ändern, sucht seine romantischen Ideen herabzustimmen, und ihn für die stillen häuslichen Freuden aufmärksam zu machen. Indessen erscheint die Mutter Ruhbergs mit Sophien, zu dieser Verbindung der Minister endlich seine Einwilligung gegeben hatte. Nach einigem Kampfe, weil Ruhberg sich ihrer nicht werth hält, vereinigt Walsing ihre Hände und das Stük schließt. Man wird aus dieser kurzen Darstellung des Inhalts ersehen, daß der Plan des Ganzen nicht zusammenhängend ist, daß es mehr einzelne Situazionen sind, wodurch uns der Dichter rühren und belehren will; aber diesen Fehler ersezt seine trefliche Zeichnung der Karaktere, seine tiefe Menschenkenntniß, und — was in unsern Theaterschriften so selten ist — die Züge von reiner Lebensmoral, die er nicht als Gemeinpläzze einstreut, sondern in die Handlungen selbst verwebt und sie um so wirksamer für das Herz macht. Ruhbergs Karakter ist ein Meisterstük — durchgängig bleibt er sich gleich, ein feuriger Jüngling, voll Beschäftigungstrieb und mit dem wärmsten Gefühle für jedes Gute und Schöne. Falscher Ehrgeiz und thörichtes Großthun hatten, wie er selbst sagt, ihn zu dem unglüklichen Schritte bewogen, die Kasse seines Vaters zu bestehlen; Reue folgte auf dem Fuße, das Bewußtsein dieser Handlung begleitete ihn allenthalben, und der Hinblik auf die schröklichen Folgen derselben kettete ihn fest an Tugend und Rechtschaffenheit. Man hat dem Dichter darüber Vorwürfe gemacht, daß er die Begebenheiten seines Helden durch verschiedene Schauspiele fortgeführt habe; ich begreife den Fehler nicht. Selten nur kann sich ein Karakter in einem Stüke ganz entwikkeln, und warum sollten wir nicht den Mann, für den wir uns einmal interessiren, in verschiedenen Lagen des Lebens sehen wollen? Menschendarstellung ist Zwek der Bühne, und dieser

Zwek wird doch gewißlich durch eine fortlaufende Reihe von Begebenheiten besser, als durch einzelne herausgehobene Thatsachen erreicht. Was Iflands Stükken einen vorzüglichen Werth giebt, ist ihre moralische Seite.

Kein dramatischer Dichter hat einen so reichen Schaz von Weisheit des Lebens in seine Stükke zu verstreuen gewußt, keiner hat schändliche Handlungen durch ihre unausbleibliche natürliche Folgen verabscheuungswürdiger dargestellt, als eben dieser. Wie wahr und erschütternd ist, was Ruhberg vom Bewußtsein eines Frevels spricht:

„Das Glük, das mich den Gesezzen entzog, das mir Verzeihung gab — war ein unbarmherziges Glük! Was ist Gefängniß, was der Tod auf dem Schafot gegen dies Gefühl, gegen die langsame Entehrung der Menschheit an mir?"

Und in derselben Szene:

„Nie wurden bessere Menschen so von Bösewichtern hintergangen; das arglose edle Herz des Geheimenraths wird betrogen; die gerechte Sache wird vor meinen Augen verrathen! die Stüzzen der Armen werden Schwelgern verhandelt; ich weiß es und darf nicht reden! — Ja neulich erwärmte mich Menschenliebe, Hochherzigkeit hob mich, muthig wollt' ich etwas unternehmen! — Auf einmal überfiel mich das Gefühl meiner Schande — ich hörte Bezannetti fragen: Wer bist denn du? — und Bewußtsein brannte glühend die Wange des trozzigen Sünders; demüthig trat ich zurük, ein Verbrecher, ein Elender, wie er;

zurükgestoßen in allen Gefühlen von Menschenwürde, durch das Bewußtsein einer einzigen schändlichen Minute — Vernichter einer ganzen Familie — Vatersmörder ꝛc." —

Wer bei solchen Stellen die moralische Einwirkung des Theaters noch nicht begreifen kann, der — mag sich an Vogels Legende erbauen!

## An Henſels Schatten.

Ich hofte ſtets noch einmal Dich zu ſehen,
Dich, den ich in des Lebens Frühling fand,
Beim erſten Blik, beim erſten Wort verſtand —
Umſonſt! Die jungen Maienlüftchen wehen
Izt ſchon um Deinen Hügel hin!
Gern möcht' ich Dir ein Denkmal weihen,
Hätt' Schäzze mir ein gut Geſchik verliehn;
Izt kann ich Dir nur dieſes Blümchen ſtreuen,
Und dieſes — wird auch bald verblüh'n.
Bald ſeh auch ich den Reſt der Tage ſchwinden,
Bald ſpielet auch der Weſt um meinen Hügel her,
Dann werden wir uns wiederfinden,
Dann brauchts kein Denkmal unſrer Liebe mehr.

J. G. Henſel ſtarb vor einigen Monaten zu Freiburg im Brisgau. Er war ein vorzüglicher komiſcher Schauſpieler, der ſich in Ekhofs Schule gebildet hatte, und — was ſo ſelten iſt — er war ein Mann, der helle ſah, und redlich dachte und handelte. Sanft ruhe ſeine Aſche!

## Die Karthause.

Oed ist der Tempel, wo der Aberglaube
In Fesseln freie Menschen zwang,
Wo mancher Jüngling thränend oft im Staube
Um Tugend — ihm ein Unding!, — rang.

Verwaist sind diese Klausen, wo der Freude
Nie wer ein Blümchen je gestreut;
Wo am Altar, durch fürchterliche Eide,
Der Mensch dem Elend sich geweiht;

Wo Lächeln — Sünde hieß, und menschlich fühlen
Für schwarze Gotteslästrung galt,
Den stillen Wunsch nach Freunden und Gespielen
Der Schwärmer schnöden Frevel schalt. —

Wie still und eng ist's hier in dieser Zelle,
Die kaum ein Tagesstral erhellt!
Und dies — ein Gärtchen, eine frische Quelle,
War einem Armen eine Welt!

Hier wähnt' er sich zu retten vom Getümmel
Der Menschen, wähnte seiner Pflicht
Zu folgen, träumte sich schön einen Himmel,
Und kannte Welt und Menschen nicht.

Zwar Schwärmerei kann die Vernunft berüken,
Doch löschen ihren Funken nie —
Bald sank der Schleier auch von seinen Blicken,
Allein zu spät erwachte sie.

Ein Licht, das nur den Abgrund ihm noch
zeigen,
Doch dem er nicht mehr folgen kann!
Er strekt die Hand nach Schatten, und sie weichen,
Und schröklich schwindet jeder Wahn.

Und wagt er es, die Fessel selbst zu brechen?
Ihm wehret schlaue Mönchenlist,
Die duldungsvoll mit oben Kerkern rächen,
Wo ihm kein Gott mehr Retter ist.

Doch Heil! was seit Jahrhunderten die Schande
Der Religion und Menschheit war,
Ist nun nicht mehr; gebrochen sind die Bande
Des Aberglaubens, ihr Altar

Zertrümmert. — Heil dem Fürsten! dessen
Rechte
Dies schwarze Denkmal niederriß,
Zerstreuete der Dummheit alte Nächte,
Und Menschen — Menschen werden hieß!

## An das Publikum.

Ich würde, wie bisher, ruhig hinter dem Bilde geblieben sein, und den Tadel des Kenners aufmerksam angehört und geprüft, und lächelnd zugesehen haben, wenn hier und da ein Knabe mit dem Fuße eine Staubwolke aufgestoßen hätte — um das Bild zu verdunkeln; aber einige unbillige mündliche Kritiken veranlassen mich, den Urheber derselben für jezt nur ein paar Worte öffentlich zu sagen. — Wenn gewisse Herren und Damen sich in dem Spiegel weniger schön finden, als sie sich zu sein einbilden, warum schieben sie die Schuld auf den Spiegel, der ihnen ihre Sommersprossen oder Runzeln zeigt?

Gewisse andre bitt' ich zu bedenken, daß jeder Mensch seinen eignen Gesichtspunkt habe, woraus er die Dinge betrachtet, und daß nach der Verschiedenheit desselben auch die Urtheile verschieden ausfallen müssen. Die Urtheile der Menschen, sagt ein englischer Schriftsteller, sind so verschieden als ihre Uhren, und doch glaubt jeder der seinigen — Man wird mir doch diese Freiheit auch zugestehen? Freilich ist der Gegenstand, über den ich schreibe, von der Art, daß jeder, der ein paar gesunde Augen und Ohren besizt, und den sein Schulmeister die Buchstaben gelehrt hat, darüber zu räsonniren sich anmaßt; selbst die gesellschaftlichen Unterhaltungen drehen sich zum Theil um diese Axe; aber um Kunstwerke zu prüfen, muß man mehr als gesunde Sinne haben, mehr lesen als Romane und Blätter des Tages, mehr Menschenkenntniß besizen, als man erlangt, wenn man in einigen großen Städten die Kaffee- und Freudenhäuser besucht hat. Hier und da hat man — soll ich sagen so unverschämt oder unwissend — zu behaupten: ich habe mich mit fremden Federn geschmükt. Diese Herren werden mirs nicht übel nehmen, wenn ich sie sammt und sonders so lange einer derben Lüge zeihe, bis sie mir die Stellen und Schriftsteller anzeigen, die und aus denen ich geborgt haben soll. So viel für izt und vielleicht für immer, wenn man es künftig nicht zu bunt machen sollte. Aber es giebt gewisse ungezogene Insekten, deren man sich nur mit der Fliegenklappe erwehren kann.

## An einen Aristarchen.

Der arme Mann,
Wie blendet ihn doch jugendlicher Wahn!
Er hält sein Schilfrohr für Alzidens Keule,
Und opfert statt Minerven — ihrer Eule.

---

### Drukfehler.

Im V. St. S. 66. Z. 7. lies Gang für Rang.
                   59. = 7. = Feinheit für Freiheit.
                   71. 22. = Got für Gatte.
                   73. 18. = Marschal für Major.
                   76. im lezten Vers der ersten Stanze, fühle für füllt.
                   80. in der Note venus für ulnus.
Im VI. St. = 87. Z. 18. um sich bauend für schauend.
                   89. = 2. traf für trägt.
                   90. = 6. dargestellt werden für dergestalt wirken.

# Tagebuch der Mainzer Schaubühne.

### VIII. Stük.

## Fiesko.

Fiesko ist einer der merkwürdigsten Menschen, die in der Geschichte vorkommen. Er schien mit der Muttermilch den Durst nach Unabhängigkeit und großen Thaten und den glühenden Haß gegen das Haus Doria eingesogen zu haben. Schon im 11ten Jahre war er mit in eine Verschwörung gegen den Andreas Doria verwikkelt; sie ward entdekt, und er nur durch seine Kindheit gerettet. Still und in sich gekehrt wälzte er ist den großen Gedanken, die Ketten seines Vaterlandes zu brechen, einen mächtigen Despoten zu stürzen, und sich auf den Thron zu schwingen — in einem Alter, wo der Mensch gewöhnlich sein Schmetterlingsleben unter Spiel und Vergnügen hinschwärmt, wo Sinnlichkeit den Flug aufstrebender Kräfte lähmt, und die Seele noch zu weich ist, einen daurenden Eindruk aufzuhalten. Er allein entwarf den Riesenplan, lenkte die Umstände, oder schmiegte sich denselben an, hob sich über jedes Hinderniß, und wagte endlich im 23sten Jahr an der Gränze des Jünglingsalters den kühnen Versuch, der ihm die Bewunderung aller Jahrhunderte erwerben wird. Dieser Mann war allerdings ein anziehender Gegenstand für die Bühne, was auch Leßing immer gegen das heroische Schauspiel sagen mag. Denn warum sollte ein Mann von so ausserordentlichen Kräften, von so kühnem Unternehmungsgeiste, dessen Muth jeder Gefahr spottet, und dessen Klugheit durch jedes Labirint sich zu drehen weiß — warum sollte der uns weniger interessiren als der Jüngling, der zu den Füßen eines Mädchens wimmert? Größe zieht an, wo wir sie finden; es müßte denn nur jeder Nerv fürs Große und Edle in uns abgeschnitten sein, und das wolle Gott verhüten!

Schiller hat wirklich den Karakter des Fiesko meisterhaft aus der Geschichte ausgehoben und in Handlung gebracht. Durchaus zeigt er uns den seltenen Mann, dessen Seele unverrükt geheftet ist auf einen großen Gedanken, scharfsinnig genug, jeden Umstand zu nüzzen, jedes Verhältniß zu durchschauen, jede leise Bewegung auszuspähen, und die feinsten entferntesten Fäden in sein Gewebe zu ziehen; zu stolz, um jemand andern als sich selbst zu vertrauen, zu schlau, um sein Unternehmen nicht sorgfältig vor den Blikken der Neugierde zu verbergen, und die Aufmerksamkeit des Haufens mit vorgeworfenem Spielwerke zu äffen. Seine vorgespiegelte Liebe zu der Nichte des Herzogs bringt Verwiklung und Leben in das Stük. Es ist eine Episode, wie sie alle sein sollten, die unzertrennlich in den Plan des Ganzen verwebt ist, und neues Licht auf den Karakter des Helden wirft. Doch dünkt es mir etwas unnatürlich und dem Karakter Fiesko's widersprechend, wenn ihn der Dichter nach der ersten Unterredung mit Julien ausrufen läßt: „Julie liebt mich! Julie! ich beneide keinen Gott. Diese Nacht sei eine Festnacht der Götter, die Freude soll ihr Meisterstük machen." So könnte sich allenfalls der wirkliche Liebhaber ausdrükken, vielleicht auch Fiesko, wenn er irgend wem das Mährchen seiner Liebe aufhängen wollte; aber so spricht nicht der Mann mit sich selbst, der eine Leidenschaft nur als Maske braucht, um sich darunter desto sicherer zu verbergen. — Wahrer Bombast ist's, wenn er gleich darauf zu seinen Bedienten sagt: "Der Boden meiner Zimmer lekke ziprischen Nektar. Musik lärme die Mitternacht aus ihrem bleiernen Schlummer auf; tausend brennende Lampen spotten die Morgensonne hinweg — allgemein sei die Lust, der bacchantische Tanz stampfe das Todtenreich in polternde Trümmer!" Warlich die Bedienten mußten ihren Herrn für betrunken oder wahnsinnig ansehen, der ihnen solches Zeug vorschwazzen konnte.

Das gröste Versehen des Dichters im Karakter des Fiesko ist wol daß er ihn zu sichtlich auf auszeichnende große Handlungen rafiniren läßt, daß wir ihn immer von sich als einem großen Manne sprechen hören. Wahre Größe ist fern von Dünkel; sie leuchtet wie die Sonne unbewußt ihres Schimmers, und verbreitet Leben und Gedeihen um sich. Wenn aber Fiesko alle Augenblikke sagt: "Die Blinden in Genua kennen meinen Tritt" — oder: "Ich bin der größte Mann in Genua" — oder, wenn er die Strikke des Mohren zerhaut mit den Worten: "Du hast das Verdienst eine große That zu veranlassen — entflieh!" so wird die Größe Affektation oder Prahlerei. —

Deutschland hat vielleicht nur wenige Schauspieler, die es wägen dürften' im Fiesko aufzutreten. Diese Rolle fordert Stolz mit Anstand, Leichtigkeit mit Würde. Man muß in dem üppigen, leichtsinnigen, geschmeidigen Wollüstling noch immer den Mann erkennen, der — und allein fähig ist, Genua's Ketten zu zerbrechen. Ein scharfer beobachtender Blik auf alles, was um ihn ist, muß durch seinen Anstrich von Sorglosigkeit hervordringen; er muß ganz anders scheinen, als er ist, und doch darf auch dieser Schein seinen eigenthümlichen Karakter nicht völlig verdunkeln. Er muß jede Bewegung, jede Mene in seiner Gewalt haben — ein wahrer Proteus, der fähig ist in hundert Gestalten zu erscheinen, und in jeder zu täuschen. So zeigt er sich gleich in den ersten Szenen mit der Gräfin und Gianettino, und in der ersten Unterredung mit Verrina Kalkagno, und Sacco. Diese leztern sollten ihm einst die Hände bieten zur Ausführung des großen Plans, aber dieser ist noch nicht reif genug, er ist ihrer noch nicht sicher genug, und darum äfft er sie noch mit dem Märchen seines Schlaraffenlebens; zugleich sucht er aber auf die feinste und bemärkbarste Art ihren Groll gegen das Haus Doria zu schüren, sucht durch eben die Reden, die seine wahre Gesinnung ihnen verdekken sollen, sie näher zu seinem Zwekke zu lenken.

„Du bist der ewige Grillenfänger — sagt er zum Verrina; — Mag er (Gianettino) Genua in die Tasche stekken und einem Kaper von Tunis verschachern, was kümmerts uns? Wir trinken Zipier und küssen schöne Mädchen."

„Verrina. Ist das deine wahre ernstliche Meinung?

Fiesko. Warum nicht, Freund? Ist es denn eine Wollust, der Fuß des trägen vielbeinigten Thiers Republik zu sein? Dank es dem, der ihm Flügel giebt, und die Füße ihrer Aemter entsezt. Gianettino Doria wird Herzog. Staatsgeschäfte werden uns keine grauen Haare mehr machen.

Verrina. Fiesko — ist das deine wahre ernstliche Meinung?

Fiesko. Andreas erkläret seinen Neffen zum Sohn und Erben seiner Güter, wer wird der Thor sein, ihm das Erbe seiner Macht abzustreiten?"

Der Schauspieler von Kopf wird hier ohne mein Erinnern einsehen, daß der Ton, mit dem hier Fiesko spricht, nicht ganz der Ton des Leichtsinns und der Sorglosigkeit sein darf, daß er mit etwas Bitterkeit und Hohn gewürzt sein muß, um das Blut der Republikaner noch mehr in Gährung zu bringen.

Da, wo er den Mohren über dem Meuchelmorde ertappt, und ihm statt der hundert Zechinen, die Gianettino auf seinen (des Fiesko) Kopf gegeben hatte, im Gefühl seines ganzen beleidigten Stolzes und mit hämischer Verachtung gegen seinen Feind tausend zuwirft, wo er die aufgebrachten Senatoren durch seinen Spott noch mehr gegen die Doria reizt, wo er die Bürger von Genua mit einem Märchen zu stimmen sucht, wo er seinen nachherigen Mitverschwornen sich entdekt, und sein Stolz sich lezt an ihrer Verwirrung, ihrem Staunen, wo er wankt zwischen Herrschsucht und edler Aufopferung, wo er hört, daß die Verschwörung verrathen ist, und wo er den alten Andreas zur Flucht mahnt — in allen diesen Szenen erscheint der Mann, dessen Lächeln Italien irreführt, der sich selbst genügt, in der Hülle der Unthätigkeit allgegenwärtig wirkt gleich einem Gott, berechnet jedes Verhältniß, jeden Einfluß der Leidenschaft, unmerkbar alles bis auf den lezten Punkt hinleitet, und dann hervortritt und einer neuen Schöpfung zu werden gebietet! Wessen Seele nicht großer Eindrükke fähig ist, wer sich nicht selbst edler, unternehmender, größer fühlt beim Anblikke eines solchen Bildes, der wage es nie als Fiesko aufzutreten.

Noch hab' ich einiges über die Szenen zu bemärken, die er mit seiner Gattin hat. Er liebt sie, hängt ganz an ihr; aber verloren im starren Hinblik auf seine Unternehmung achtet er weniger auf die leise Stimme der Zärtlichkeit — Sein Stolz und seine Klugheit überwiegen seine Liebe, aber tilgen sie nicht — Schwach kämpft sie mit beiden in dem Auftritte, wo Lenore zu ihrer Mutter zurükkehren will, stärker da, wo sie ihn von der Verschwörung abzubringen sucht; aber auch da vermögen die Ausbrüche der wärmsten Zärtlichkeit weniger als die Vorstellungen, die seinen Stolz kizzeln; er wankt nicht, bis ihm Lenore sagt: „Ich würde sagen, opfre die Liebe der Größe — wenn nur Fiesko noch bleibt — Gott! das ist Rükstoß! — Selten stiegen Engel auf den Thron; seltner herunter ꝛc."

Sehr schwer ist es in diesen Szenen das Hin-
undherschwanken der Leidenschaft in seinen mannich-
fachen Abstufungen zu mahlen, und bei dem steten
Hinundherbeben nie die Linie der Natur zu verfehlen.
Wer Fiesko ganz als Fiesko darstellt, der mag
einst seinen Namen kühn zu Garrik und Ekhof aus-
schreiben.

---

## Dramaturgische Fragen.

8) **Welches Publikum verdient in Rüksicht auf
den Schauspieler das beste Publikum zu
heissen?**

Das Publikum verdient, dünkt mich, für den Schauspieler das beste Publikum zu heissen, wenn es Geschmak und Billigkeit besizt. Hat es Geschmak,
so wird es selten oder nie seine wirklichen Verdienste
übersehen, ihn aber auch nie durch unverdienten
Beifall irre machen. Nichts ist für die Kunst nach-
theiliger, als zu große Nachsicht oder vollends Ge-
schmaklosigkeit eines Publikums; nichts hindert den
Schauspieler mehr im Fortschreiten, wiegt ihn eher
in den Wahn, als ob er die höchste Stufe schon erreicht hätte, oder macht ihn, auf der andern Seite,
nachlässiger. Warum wagen's so manche Schauspieler und Schauspielerinnen die Bühne zu betreten,
ohne ihre Rollen memorirt — geschweige denn stu-
diert — zu haben? Woher die oft auffallende Sorglosigkeit, die sich bis auf Gang und Kleidung erstrekt?

Woher die Kabalen bei Rollenvertheilungen und hundert andre Nachläßigkeiten? als weil das Publikum zu wenig Geschmak oder zu viele Nachsicht hat.

Das Publikum muß aber auch billig sein, muß dem Schauspieler keine Forderung machen, die er in seiner Lage und in seinen Umständen nicht zu erfüllen vermag. Wenn es uns oft bekannt wäre, wie der Geist manches Mannes, manches Frauenzimmers durch Mangel, Verhältnisse ꝛc. niedergedrükt wird, wie sie der Pflanze gleichen, der es an Boden und Säften fehlt, wir würden staunen, daß sie noch so viel leisten, als sie wirklich thun. Auch der Schauspieler, der in glüklichen Umständen lebt — aber wie viele habt ihr von diesen? — hat nicht immer Laune zum Spielen. Dies ist ein Spiegel, der so leicht getrübt wird, den kein Mensch rein durchs Leben trägt; und warum wollen wir immer vom Schauspieler meisterhafte Darstellung verlangen, die ohne Laune und Ruhe des Geistes nicht möglich ist? Es hängt hiebei so vieles von Umständen, vom Temperamente, vom Blute ab, und eben die leichte Reizbarkeit, die man beim guten und großen Schauspieler voraussezzen muß, macht auch, daß unangenehme Eindrükke bei ihm eher Zugang finden und ihn verstimmen. In solchen Fällen muß das Publikum billig sein. Diese Billigkeit forderte freilich auch, daß man die Kunst nie nach Brod gehen lassen und das Talent ermuntern sollte; aber eine Predigt über diesen Text wäre für taube Ohren!

Zum Schlusse muß ich die Auswürflinge von der Bühne höflichst ersuchen, daß, was ich so eben gesagt habe, nicht als Schutzrede ihrer Stupidität anzusehen. Sie können freilich sagen: Wir leisten was wir können, also muß das Publikum zufrieden sein. Es ist ein mächtiger Unterschied unter dem: Man kann nicht immer Alles leisten — und: Man kann nie etwas hervorbringen, das taugte. Pursche ohne Herz und Geist, ohne Nerv fürs Schöne und Gute, sollte man billig von Polizei wegen von der Bühne in die Arbeitshäuser verpflanzen — es müßte eine beträchtliche Kolonie abgeben!

## Ueber das versifizirte Schauspiel.

Man hat in unsern Tagen verschiedene Versuche gemacht, das versifizirte Schauspiel wieder auf die Bühne zu bringen, nachdem es Einsicht und Konvenzion gänzlich verdrängt zu haben schienen. Vornehmlich hat Herr von Dalberg, dieser warme Freund und Beförderer der vaterländischen Bühne, durch eigne Versuche*) sich der Sache angenommen, und in einem dem Mönch vom Carmel vorgesezten Schreiben an Gotter, Gründe dafür angeführt, die seinem Scharfsinn und gebildeten Kunstgefühle Ehre machen, aber doch vielleicht einigen Einspruch leiden dürften. Gleich anfangs dünkt mich der erhabene Verf. in einen kleinen Widerspruch zu fallen, wenn er sagt: „So überzeugt ich selbst bin, daß das zur höchsten Illusion und Vollkommenheit gebrachte Stük nicht in Versen wird geschrieben sein: so sehr zweifle ich doch, ob es der Prose eher, als dem Rhitmus gelingen werde, dieses Ideal vollkommen zu erreichen." Wenn das Ideal der dramatischen Kunst dem Rhitmus, und am ersten erreichbar ist, so ist ja die Prose keine nothwendige Bedingung dabei. Die Griechen können uns hierinn gar nicht zum Muster dienen, wie es der Hr. Verf. glaubt. Man lese einen Aeschilus, Sophokles, Euripides im Original — wie viele Harmonie und Abwechslung ist in ihren Silbenmaasen? wie schmiegen sie sich der Sprache so gefällig an? wie verliert die Leichtigkeit und mannichfache Verschlingung des Dialogs so gar

---

*) Der Mönch vom Carmel und Montesquieu.

nichts dabei? und nun halte man unsre Jamben dagegen (die einzige Versart, welche uns für das Schauspiel brauchbar ist), welche Spannung des Ausdruks! welche Verzerrung der Gedanken! Wie beleidigt die ewige Monotonie ein Ohr, das an griechischen Rhitmus gewöhnt ist! Wie hart und gedehnt ist da meistens der Dialog durch die unvermeidlich gehäuften Inversionen und fremdartigen Stellungen der Worte, durch Auslassung der Bind- und Geschlechtswörter ꝛc. Auch war das ernsthafte Drama der Griechen gröstentheils heroischen Innhalts, wo der Rhitmus zu dem feierlichen pathetischen Tone eher paßte; bei uns hingegen ist das bürgerliche Schauspiel einheimisch geworden, und da muß auch die Sprache sich dem gesellschaftlichen Tone so sehr als möglich anschmiegen. Es ist wahr, wie Herr von Dalberg bemärkt, wir haben noch keine vollkommene Prose; aber wir haben überhaupt noch keine vollkommene Theatersprache, und gewiß wird sie dem Dichter, der sich unter das Joch des Silbenmaases beugen muß, ungleich schwerer zu erreichen sein, als dem Prosaisten, der an keine Form gebunden ist, und freie Hand hat zu wählen und zu verwerfen. Ein haupsächlicher Grund, warum ich glaube, daß versifizirte Schauspiele dem Endzwekke der Bühne geradezu entgegen sind, ist der: — Der Schauspieler, der Verse deklamirt, muß sich bestreben den abgemessenen Gang derselben nicht bemärklich zu machen, das Metrum gewissermaßen zu verwischen, die Inversionen zu mildern, kurz, das Ganze der Sprache des Lebens näher zu bringen, allen Zwang, alles Gesuchte zu verhüllen — Er muß gerade das, was den Rhitmus von der Prose unterscheidet, zu verbergen suchen. Sonderbar, daß man ihm eine Last aufbürden will, deren er so gut entübrigt sein könnte! Freilich hebt der Vers oft den Ausdruk der Empfindnng und Leidenschaft, verstärkt ihre Farben, und bringt durch die nachahmende Harmonie mehr Leben ins Gemählde; aber dies könnte meines Erachtens der Dichter durch den willführlichen Numerus in der Prose eben so gut erreichen. — Ich unterwerfe diese Gedanken, zu deren weiterer Ausführung es mir an Raum und Muße fehlt, der Prüfung des edlen Mannes, der sich durch seine seltne Liebe zu den Wissenschaften eben so sehr, als durch thätige Beförderung alles Guten und Schönen auszeichnet.

## Apologie der wandernden Schauspielergesellschaften.

Es ist verschiedentlich, und noch neulich im Theaterkalender — gegen die wandernden Schauspielergesellschaften deklamirt worden; man hat daselbst die kleinen und halbgroßen Städte unsers Vaterlandes sehr pathetisch aufgefodert, sie ferner nicht mehr inner ihren Mauern zu dulden. Ich hätte Lust, ihnen dafür eine Schuzrede zu halten. Hat doch in unsern Tagen selbst der Teufel, den man aus seinen alten verjährten Besizzungen sehr unpolitisch zu verdrängen drohte, seine warmen Apologeten gefunden: warum sollte man nicht auch ein Wörtchen zur Gunsten dieser ärmsten aller armen Erdenkinder sprechen? Aber sie sollen — sagt ihr Ankläger in gedachten Blättern (vermuthlich selbst ein Mann von der Bühne) die herrschenden nachtheiligen Begriffe von der Würde und dem Nuzzen des Schauspielers und seiner Kunst erwekken und verbreiten? „Etwa durch ihr Schlaraffenleben?" Aber geht es denn bei stehenden Bühnen ordentlicher zu? Die Herrn und Frauenzimmer bei wandernden Gesellschaften machen kleine, die bei stehenden — große Schulden. Dort opfert hier und da ein Mädchen, verführt vom Klange des unseligen Metalles, das Peru und Chili uns schicken, seine Tugend; hier sind manche — von Grosen unterhaltene Mätressen. Dort erniedrigt man die Kunst zum Handwerk; hier zur Priesterin des Luxus und der Üppigkeit. Dort drängen sich Auswürflinge zur Bühne; und hier — nimmt man die Subjekte aus jenen Schulen. Dort werden die Produkte des Genies durch elende Darstellung verhunzt; und hier hat man oft Mühe Schakespear und Moliere in ihren verzerrten Kopien zu erkennen. Dort brüten Scheelsucht und kleine Denkungsart hundert Streitigkeiten und Neckereien aus; hier schleicht die Kabale verhüllter, und vergiftet oft Ehre und Leben.

Ich könnte meine Paralelle noch durch einige Blätter durchführen, aber gewisse Herrn und Damen würden mir's wenig Dank wissen, und die paar angeführten Züge sind zur Vergleichung hinreichend.

Aufrichtig zu reden — Niemand kann von den Vorzügen einer stehenden Bühne lebhafter überzeugt sein, als ich; aber so lange wir diese entbehren, ist's denn doch besser wandernde Gesellschaften, als gar keine zu haben. Die wenigen stehenden Bühnen unsers Vaterlandes sind von ihrem Ideal noch eine ziemliche Strecke entfernt, und einige unsrer wandernden Musenkinder dürften eine Vergleichung mit den mehresten derselben nicht scheuen. Wozu also die gehässigen Ausfälle? und wo wollt ihr am Ende mit der ganzen Schaar von wandernden Schauspielern hin? Vor einigen Jahren machte ein Genie den ungenialischen Vorschlag, die Exkremente unsrer Litteratur, welche die Käse- und Gewürzkrämer nicht mehr zeitig genug verdebitiren könnten, nach Nordamerika zu schicken, und dort deutsche Buchläden anzulegen; vielleicht fällt es bald einem von den Söhnen Thaliens ein, seine Brüder und Schwestern zu einer Kolonie in die Südsee vorzuschlagen — Es müßte die Einzige in ihrer Art sein!

## An ein nichtschönes Mädchen.

Zürne nicht mit der Natur, daß sie
Hohen Reiz Dir nicht verlieh:
So vergißt Du über dem Gesicht,
Daß Du mehr als Puppe bist, doch nicht;

Und Dir nahet sich kein bunter Thor,
Winselt seine Qual Dir vor.
Schönheit leider! ist ein mislich Ding,
Lockt, gleich Blumen, manchen Schmetterling!

Aber ist der Jugend Farbe hin,
Einsam muß sie dann verblühn.
Wer Dich liebet, liebt den innern Werth,
Den der Hauch des Alters nicht verzehrt.

All die Künste feiner Eitelkeit
Rauben Dir nur wenig Zeit:
Für des Geistes Bildung sorgst Du mehr —
Schöne Köpfchen — sind auch meistens leer.

Wenn ihr bischen Reiz verwittert ist,
Leider, ach! wie bald vergißt
Dann das Herrchen seinen hohen Schwur!
Liebe schwur er ihrer Schönheit nur.

Doch der Mann, der seinen Arm Dir beut,
Theilet mit Dir unbereut
Jede Freude, und mit gleichem Sinn
Folgt er Dir auch über Dornen hin.

## Noch ein Wort an das Publikum.

Man hat meine lezte abgedrungene Erklärung miſverſtanden, und das thut mir leid. Ich ſagte gleich anfangs, daß unbillige mündliche Kritiker die Veranlaſſung gegeben hatten, den Urhebern derſelben einige Worte laut zu ſagen; dieſe alſo galt die ganze Replik. Ich richtete ſie an das Publikum, um daſſelbe zum Richter zu machen zwiſchen jenen und mir. Sorgfältig unterſchied ich Kennerurtheil von Knabengeſchwäz — Warum achtete man nicht auf dieſe Einſchränkung und machte Deutungen, an die ich wohl nie gedacht habe, nie denken konnte, da ich faſt ganz frei von perſönlichen Verhältniſſen bin. Wer kalt und unbefangen jenen Aufſaz durchleſen will, wird finden, daß ich nie allgemein, ſondern immer nur beziehungsweiſe ſpreche. Wenn ſich aber hier und da Einer oder der Andere freiwillig unter eine gewiſſe Rubrik ſtellt — dafür kann der Schriftſteller nichts. Uebrigens verſichre ich aufrichtig und laut, daß ich beſcheidenen Tadel ſchäzze und prüfe, ungegründeten belächle, auf hämiſchen — mit Verachtung herabſehe, und daß mich nichts in meinem Vorſazze irre machen kann, der Wahrheit treu zu bleiben, und ſie auch alsdann zu bekennen, wenn ſie Vapeurs und Unverdaulichkeit erregen ſollte.

Der Herausgeber.

# Tagebuch der Mainzer Schaubühne.

## IX. Stük.

Am 14ten Mai — das Räuschgen, Lustspiel in vier Aufzügen von Brezner.

Zerstükkelter Plan, getheiltes Interesse, überspannte oder nachläßig hingeworfene Karaktere, gedehnter Dialog, und niedrige, unkorrekte Sprache machen zusammengenommen ungefähr die Hauptmängel dieses Stükkes aus. Es hat einige belüstigende Situazionen, und diese mögen ihm wol den Beifall, den es auf einigen deutschen Bühnen erhielt, bewirkt haben. Die heutige Vorstellung gieng etwas schläfrig; doch leisteten einige Personen Alles, was zu leisten war.

Kaufmann Busch — Herr Stegmann. — Kaum wird ein Schauspieler der Rolle des Busch's mehr Wahrheit geben können, als Herr Stegmann gethan hat. Er gab dem Gemälde die richtigste Haltung, und seine Laune überschritt nie die Gränzen des edlen Komischen. Im dritten Akt, wo Busch sich berauscht, spielte er mit vorzüglicher Einsicht und Feinheit. Busch berauscht sich stufenweis, der Wein wirkt nach und nach auf ihn, bis er endlich wankt und in seinen jovialischen Humor übergeht. Nie verliert sich aber der Mann von Erziehung. Busch ist gut, aber ernst und von Grundsäzzen. So wie der Wein mehr und mehr wirkt, bekömmt die Güte die Oberhand, er giebt in seinem frölichen Taumel da und dort nach, aber die Grundzüge des ernsten Karakters schimmern auch im gutmüthigen Räuschgen sichtbar durch, und Hr. Stegmann hat — ich möchte sagen, den Dichter übertroffen und verbessert.

Karl Busch — Herr Mattausch. — Es läßt sich wenig gegen, aber auch eben so wenig für das Spiel des Hrn. Mattausch sagen, so wie sich aus der Rolle nichts Besonderes machen läßt. Karl ist ein sehr uninteressanter Alletagsliebhaber. Daß inzwischen Herr Mattausch seinen Vater am Kinn streicht, um ihn zu seinen Absichten zu bewegen, ist etwas auffallend, und gegen den Anstand, gegen die Ehrerbietung, die ein gutgezogener Sohn gegen seinen Vater nie vergessen darf. *)

Rath Brand — Herr Czike. — Es dient ihm zur Entschuldigung, daß er diese Rolle spielen mußte, weil sich sonst Niemand dafür fand; aber daß er das Bild des Dichters so ganz zur Karrikatur erniedrigte, seinen Karakter, aus dem sich doch so viel machen läßt, so ganz aus dem unrechten Gesichtspunkte nahm, das können wir ihm kaum vergeben, da er uns hinlängliche Beweise gegeben hat, daß er Talent und Einsicht besitzt; so wie es ihm

---

*) Wäre es nicht besser gewesen, Herr Mattausch hätte die Rolle des jungen Britten übernommen? So roh auch die Masse ist, so könnte sie doch unter Künstlershand noch etwas werden.

auch nicht an Originalen fehlen kann, seinen Helden zu studieren.

**Wilhelmine — Madame Günther.** — Ob der Dichter aus seiner launigten, heitern, muthwilligen Mina, ein ausgelassenes, anstandloses, derbes Kammermädchen gemacht haben wollte, zweifeln wir aus guten Ursachen. Doch scheint Mde. Günther aus diesem Standort leider! ihre Rolle memorirt zu haben, und daher mußte sie nothwendiger Weise eine sehr widrige Wirkung thun.

**Sophie — Madame Böheim.** — So wenig an der Rolle ist, so gab Mde. Böheim ihr doch Wärme und Leben. Sie spielte mit Grazie und Anstand; nur finden wir, daß sie hie und da zu sehr deklamirte, wo doch — blos Konversazionston sein sollte.

**Julchen — Betty Koch.** — Die eilfjährige Betty verrieth beim ersten Blicke, wes Lichtes Kind sie ist, und von Kochs Unterricht war man auch nicht weniger zu erwarten berechtiget. Sie verspricht viel, und es ist nicht zu zweifeln, daß sie diese Hofnung erfüllen werde. Ihr Spiel war naiv und voll Natur. Sie gab ihr Küßchen halbverstohlen hinter dem Fächer so kindisch, und so wichtig, sprach, akzentuirte so richtig, und war so ganz in ihren vorzeitigen Karakter gedrungen, daß sie, troz der Unwahrscheinlichkeit des Ganzen, die dem Dichter gehört — täuschte. Doch muß sich Betty abgewöhnen, immer mit dem Fächer zu spielen, ihn immer auf- und zuzuschlagen. Der Fächer hat keine Rolle.

Von den übrigen Herren und Damen läßt sich nicht viel sagen, und wir übergehen sie daher.

———

Am 15ten Mai — Der betrogene Geizige, oder: Wer das Glük hat, führt die Braut heim! Eine Operette in zwei Aufzügen nach dem Italienischen von Vulpius.

Der Himmel vergebe dem Herrn Vulpius die Sünde, uns dies langweilige Ding aufgehängt zu haben! Es ist, als ob die meisten Operettendichter sich verabredet hätten, uns in ihren Raritätenkasten immer einerlei Gegenstände, nur hier und da mit kleinen beliebigen Abänderungen, zu zeigen. Ein alter störrischer Onkel oder Vormund, der ein paar hübsche Mädchen wie ein Argus hütet, ein paar junge Abentheurer, die ihn um dieselbe prellen, und zum Beschluß — das Verlöbniß — dies sind so ungefähr die Ingredienzien bei den mehresten Singspielen. Man geht hin, ergözt sich an der schönen Musik und gähnt über den Text und — über die Schauspieler. Im heutigen Stükke ist auch die Musik, obgleich von Paisello, ziemlich einförmig und leer, ein paar Chöre ausgenommen, die wohl das Beßte daran sein mögen. Bei Gelegenheit der Vorstellung habe ich einige Bemärkungen zu machen. Die Herren sezten sich zweimal mit Hut und Degen zur Tafel, ein Beweis, wie wenig sie auf das Uebliche in der Gesellschaft achtsam sind.

Da, wo der Doktor die Liebenden überrascht, machte Mde. Günther die Gebehrde des Entsezzens, der zurükprallenden Angst. Sie stand, wie Thisbe, wenn sie den Löwen erblikt, bebend, athemlos, mit vorgespreiteten Händen und zurükgeworfenem Nakken. Dieser Ausdruk ist ganz richtig, wenn uns etwas Schrökliches überrascht, das wir fliehen und von uns abhalten wollen. Aber die unerwartete Erscheinung des Vormundes war kein Uebel von der Art. Entdekkung des Rendezvous war alles, was zu befürchten stand. Hier galt kein Entrinnen; höchstens konnte man mit List oder Troz die Folgen aufhalten, oder ihnen ausweichen. Mde. Günther durfte allerdings erschrekken, beschämt, verlegen, ausser Fassung sein; Verwirrung durfte und mußte in ihren Mienen, in ihrem Betragen herrschen; nur die Gebehrde des Entsezzens, des Fliehens war übel angebracht. In solchen Fällen, wo der Mensch über etwas Unerwartetes bestürzt und verlegen ist, äussert sich die Unruhe in der Stellung, in der Haltung des Körpers, in der wechselnden Gesichtsfarbe, in dem verwirrten Blik — unsere Hände beschäftigen sich, ohne daß wir es selbst wissen, mit unserer Kleidung, mit sonst irgend etwas, die Seele hat keinen fixirten Punkt, worauf sie ruhen könnte, es schwimmt alles vor unserer Vorstellungskraft ꝛc.

Herr Wiedemann sollte um alles in der Welt willen keinen Liebhaber von Stand mehr spielen. Er benimmt sich dabei, wie — Herkules beim Spinnrokken.

Noch Etwas an die Schauspieldirektion. Warum giebt man uns nur immer mittelmäßige oder schlechte Stükke? Warum bleiben so manche vorzügliche Lustspiele und Trauerspiele aus den ältern Perioden der Litteratur gänzlich zurük? Das Gute sieht man auch nach Jahren wieder einmal gern, und am wenigsten sollten einige ältere Stükke von unsern neuern Produkten verdrängt werden, die meistens aus jenen zusammengestoppelte Waare sind. Ich darf nur von ausländischen den Westindier, die eifersüchtige Ehefrau, Miß Obre; von einheimischen — Julius von Tarent, Mariane, die Stükke von Leßing und Wezzel nennen, um meine Klage zu rechtfertigen. Es ist seit einigen Jahren bei uns und unstern Nachbarn Mißwachs auf dem dramatischen Pindus, und warum tischt man uns gerade all das Unkraut auf, das, wie Schwämme, über Nacht hervorschießt, und auch bei minder ekleu Gaumen Uebelkeiten erregt?

## Theaterstükke.

Die Väterschule. Ein Schauspiel in 5 Aufzügen, nach dem Französischen.

Eines der besten neuern Produkte des französischen Theaters, welches in Paris mit lautem Beifalle aufgenommen wurde. Der König selbst äusserte dem Verfasser seine Zufriedenheit darüber, und beschenkte ihn mit einem goldenen Degen. Die Hauptidee ist freilich nicht ganz neu, aber die Ausführung zeigt, daß der Verf. Welt und Menschen kenne; er giebt uns ein Gemälde aus dem wirklichen Leben, wahr und sprechend. — Da die Uebersezzung, die ich vor mir liegen habe, noch ungedrukt ist, so muß ich meine Leser mit dem Inhalte bekannt machen.

Der Kommerzienrath Landen, ein Mann von Grundsäzzen und redlicher Denkungsart, der ganz an seiner Familie hängt, und im häuslichen Zirkel sein Glük, seine Zufriedenheit sucht, hat sich zum zweitensmal mit einem Frauenzimmer verheirathet, die ganz dem Bilde entspricht, das Karl Fellner in der ersten Szene von ihr macht. „Sie ist verschwenderisch, liebt das Geräusch, den Aufwand. Im Grunde ist sie gut, ihr Herz nicht verdorben, aber wie viel Leichtsinn — wie viel Unbesonnenheit!" Aus seiner ersten Ehe hatte Landen eine Tochter und einen Sohn. Rosalie, ein liebenswürdiges Mädchen voll Talente; gut, sanft, bescheiden — Franz, ein feuriger Jüngling, der Gefühl hat für Ehre und Tugend, den aber Leichtsinn und Verführung in den Wirbel der großen Welt hinreissen. Ein gewisser Belling, eine Art von Avantürier, schleicht sich bei Me. Landen und ihrem Sohne ein, sucht durch die erstere Rosaliens Hand — eigentlich ihr Vermögen — zu erhalten, und hängt dem leztern ein Mädchen auf, die ihn auf seinen Reisen zu begleiten pflegte. Belling hatte Schulden; das Mädchen muß den gutmüthigen unbesonnenen Jüngling mit der Nachricht täuschen, als ob sie wegen Schulden ins Gefängniß gebracht werden sollte, und dieser entschließt sich auf Bellings und seiner Mutter Zureden, von dem Hausmeister seines Vaters den Schlüssel zu dessen Schatulle zu fordern, und zweihundert Dukaten herauszunehmen.

Der redliche Sebald entdekt dies dem alten Landen, welcher voll Kummer über die Verirrungen seines Sohnes, aber noch immer treu seinem Vorsazze, ihn durch Liebe und Nachsicht zu bessern, ein Billet in die Kasse legt, und dann Sebalden den Schlüssel giebt, selbigen seinem Sohne zu überliefern. Bestürmt von Bellings Vorstellungen, von der Liebe zu seinem Mädchen entschließt sich izt Franz die Kasse zu öfnen, findet das Billet und sinkt erstarrt zur Erde. Nun fühlt er ganz sein Verbrechen, den Werth seines Vaters — der Schleier fällt von seinem Auge; auch seine Mutter wird durch diesen Vorfall, durch diesen neuen Zug von dem Edelmuth ihres Mannes hingerissen, sie eilen in seine Arme, und finden Vergebung und Liebe. Bellings und seiner Gesellschafterin Ränke waren indessen auch ruchbar geworden; Franz verabscheuet nun seine Liebe, und sein Vater bietet ihm ein gutes würdiges Mädchen an, die Tochter seines Freundes, und ihrem Bruder giebt er Rosaliens Hand, und so schließt das Stük. — Die Karaktere sind nur leicht hingeworfen, und müssen erst durch das Spiel Haltung und Leben bekommen; aber freilich wo sind die Schauspieler in Deutschland, die ihnen das geben könnten? die es verstehen die Pinselstriche welche am Gemälde des Dichters fehlen, durch ihre Darstellung zu ergänzen? — Die Sprache in diesem Stükke ist edel ohne gesucht zu sein, und springt nie zu weit vom Hauptone ab.

Die Uebersezzung selbst ist das Werk eines Mannes, den sein Geschmak, seine Welt- und Menschenkenntniß, vor vielen andern zu diesem Unternehmen berechtigten. Er verändert nicht blos, wie so manche

Ueberſetzer von Profeſſion, die Szene, ſondern auch
die Nazionalzüge, und giebt uns für franzöſiſche Sitten — deutſche, ohne jedoch den Geiſt des Originals
zu verwiſchen. Wie treffend z. B. verwandelt er die
Schilderung eines franzöſiſchen Avantürier's in die
eines deutſchen Vagabunden, wie man ſie ſo häufig
in Bädern antrift? „Er iſt einer von den Landſtrei-
chern, die man in den Bädern ſo häufig antrift,
die, wie es ihnen gefällt, bald Grafen, bald Marquis ſind, Neulingen oder Dummköpfen die Börſe
leeren, und ihren ganzen Unterhalt in der Kunſt zu
überliſten finden. Sie ſind glänzend und geſucht,
wenn das Glük ſie begünſtigt, man kehrt ihnen den
Rükken, wenn das Unglük ſie verfolgt. Eine Klaſſe
Menſchen, die man nie achtet und doch annimmt,
zu Tiſche behält und kaum begrüßt."

Wer erkennt nicht an dieſem lebenden Gemälde,
das in der Nazionaliſirung ſo gar nichts verloren
hat, den Verfaſſer der Sitten?

## Berichtigungen.

Es kamen vor einigen Monaten Briefe über die
Schaubühne zu Koblenz in das Publikum. Sie
enthalten einige gute Bemärkungen, die man nur,
leider! oft wie ein paar Waizenkörner unter einem
Spreuhaufen hervorſuchen muß. Sie enthalten aber
auch einſeitige Urtheile und Reflexionen, und dieſen
erlaube man mir einige Berichtigungen entgegen zu
ſetzen.

Im ersten Briefe wird Herr Illenberger als steifer, frostiger Ehemann, und überhaupt als mittelmäßiger Schauspieler geschildert. — Recht, wem Recht gebührt! Ich sah Hrn. Illenberger als Karl Werner im Husarenraub, als Westindier und Hamlet, und da bewies er wahrlich mehr als mittelmäßige Talente. Daß häusliche Sorgen und Verdrüßlichkeiten dem Schauspieler bisweilen die Lust zu spielen benehmen — daß sie ihn verstimmen — wer kann ihm das verargen? Soll er denn nicht Mensch sein dürfen? Ob Sebastiani sich neben Illenberger so vortheilhaft auszeichne, wüßt' ich nicht. Er ist einer von denen, die jede Leidenschaft zerfezzen, entzükt sind, wo sie sich freuen; toben, wo sie zürnen sollten. Sein Spiel ist oft Natur, aber platte, ungehobelte Natur, die durch Kunst veredelt werden muß.

Der einzige Grund, den der Verf. im zweiten Briefe für den Schauspielbesuch der Geistlichen anführt, dünkt mir wenig einleuchtend. Wenn, sagt er, die Geistlichen das Schauspiel besuchen, dann werden weniger unsittliche Stükke gegeben werden, der Schauspieler wird sich hüten, sich zum Zotenreisser zu erniedrigen, um das Zwerchfell des Haufens zu erschüttern. Aber, werden ihm die Gegner seines Sazzes einwerfen, so was kann der Staat durch eine genaue Aufsicht über das Theater verhüten, ohne daß der Schauspielbesuch der Geistlichen darum erforderlich wird.

Im vierten Briefe wünscht der Verfasser, das neue Theater in Koblenz möchte mit Dagobert oder den Römern in Deutschland eröfnet worden sein, „weil ein Eingebohrner der Verf. dieser Stükke ist." Wahrlich ein sonderbarer Einfall, ein paar langweilige, überspannte Schauspiele lieber als irgend ein vorzügliches ansehen wollen — weil es Landesprodukte sind?

Die Einwürfe, welche im nämlichen Briefe gegen die Oper gemacht werden, dürften die Opernfreunde sehr leicht finden. „Wo in aller Welt, ruft er aus, liegt das Land, wo die Leute sich ihre Begriffe durch Singen mittheilen?" Aber, möcht' ich ihn fragen, wo liegt das Land, wo die Leute sich ihre Begriffe in Jamben, oder überhaupt in der Theatersprache mittheilen? — Wo ist das Land der Hipokrifen, der Zwerge, der Zaubereien, die uns Ariosts und Wielands Pinsel mahlen? und doch täuschen sie uns so angenehm mit ihren optischen Bildern. — Es kömmt alles auf den Grad der Täuschung an, den ein Kunstwerk hervorzubringen fähig ist. Giebt es jezt oder künftig eine Operette, welche die Imagination über die Empfindung erhöht, wo die Zaubergewalt der Musik, vereint mit den Gesängen des Dichters, unsre Sinne fesselt und die Schleusen der Empfindung öfnet — dann bedarf dieses Feenprodukt keiner Apologie mehr, dann ist seine Rechtfertigung in seiner Wirkung enthalten.

(Der Beschluß nächstens.)

## Die Unsterblichkeit. *)
### An — —

Der falbe Herbst entblättert schon den Wald
Und raubt dem Strauch das lezte gelbe Blatt.
Leer ist der Traubenhügel an Gesang —
Ein düstrer Nebel dekket das Gefild
Gleich einem Bahrtuch; jede Freude flieht.
So fliehet unser Leben, Freund! Verwelkt
Ist unser Frühling, und verwelkt mit ihm
Sind meiner Kindheit süße Freuden all,
Wie hier die Majenblümchen auf der Flur!
In Traumgestalten schwebt um mich ihr Bild,
Wie um den einsam Traurenden das Bild
Der frühverblichenen Geliebten schwebt.
Ihr schönen Tage, wo ein Kräusel noch,
Ein Ball mein ganzes Herz befriedigte!
Wo ich in deinen Auen, stilles — !
Noch Schmetterlinge haschte, leicht wie sie
Weg über Dorn und Blumen gaukelte —
Ihr schönen Tage, unentweiht von Gram,
Von Sorgen um die Zukunft — Unschuld gieng
An meiner Seite, und die Freude goß
Auf jeden meiner Schritte Blumen aus.
Und diese schönen Tage sind nicht mehr!
Und auch die Guten, die sie mir verschönt,

---

*) Von diesem Gedichte sind nur erst wenige Exemplare als Manuscript für Freunde gedrukt worden, die aber nicht weiter ins Publikum kamen, und ich glaube daher zu einem neuen (veränderten) Abdruk in diesen Blättern berechtiget zu sein.

d. H.

Mein Herz der Weisheit früh geöfnet, früh
Mich zum Genusse der Natur gewöhnt,
Und jedes Glükkes, das aus Tugend quillt.
Ein grauer Stein zeigt kaum die Stätte noch,
Wo sie, die Liebe bis zum Tod vereint,
Nun auch vereint im Schoos der Erde ruhn.
Ich suche sie umsonst auf dieser Flur,
Wo ich so oft vor ihnen hergehüpft,
Und kindisch manchen Strauß für sie gepflükt;
Ich rufe sie umsonst im Buchenhain,
Wo ich zu ihren Füßen einst gespielt:
Sie hören meine Stimme nicht — und so,
Wenn wenig Jahre noch vorübergehn,
So lieg auch ich! Dies Auge sieht nicht mehr
Die Schöpfung lächeln, diesem Ohr verstummt
Der Freundschaft süße Rede, der Gesang
Der Nachtigall, und auf der Frühlingsflur
Lezt mich dann nicht mehr der Viole Duft!
Vergessen lieg ich, eine handvoll Staub,
Und nur dein Auge trübet sich um mich.
„Und werden wir uns wiedersehn?" sinkt nicht
Dies Unerklärbare, was in mir denkt,
Mein Ich — sinkt dieses nicht in Moder hin?
Und kann der Geist noch wirken, wenn dereinst
Verwesung sein Organ zernägt? Kann ers
Doch kaum, wenn Schmerz in jeder Nerve tobt,
Wenn nur das Band des Schlafs die Glieder hält.
Wie? oder sinkt mein Alles in das Grab,
Wie wenn das Saitenspiel in Trümmern liegt,
Auch jede süße Melodie erstirbt.

Zwar Nichts geht unter rings in der Natur.
Der Bliz zersplitterte die Eiche dort —

Sieh, einen Theil verzehrt des Heerdes Glut,
Er steigt in Dünsten auf und fruchtet dann
Im Thau das Feld; der andere zerstiebt,
Doch aus ihm saugt der Fruchthalm Nahrung ein.
Die späte Rose am Geländer hier
War einst vielleicht ein schädliches Insekt.
Und so geht alles rings in der Natur
Den ewgen Kreislauf; Leben gränzt an Tod,
Doch nie an Nichtsein. Wenn dies Auge einst,
Beraubt des süßen Lichts, in Nacht sich hüllt,
Dann leb' ich bald in andern Wesen auf.
Du pflükkest mich im jungen Veilchen, Freund,
Das lieblicher dir seinen Kelch enthüllt;
Du hörst mich singen in der Nachtigall,
Die Ruh in deine kranke Seele spricht.
„Doch bin ich Selbst dann noch?" Wenn hier den Wurm
Mein Fuß zermalmet, bildet die Natur
Im künftgen Lenz vielleicht zum Grashalm ihn,
Und dieser wandelt sich im Bauch des Thiers
Zum Tropfen Bluts, und einst nach Jahren wol
Zum lebenden Geschöpf — doch ists der Wurm
Dann nicht mehr, der zu meinen Füßen kroch.
Nicht für das Einzelne Geschöpf sorgt die
Natur, nur daß die Gattung nicht erstirbt.
Glükseligkeit ist nur des Ganzen Zwek.
O schönes Glük des Universums, wenn
Die einzelnen Geschöpfe elend sind.

Vielleicht fällt meine grobe Hülle nur
In Staub und wandelt sich in mancherlei
Gestalten. Doch dies ist mein Selbst ja nicht,
Ist nur mein Wohnhaus für die Erde hier.

Das feinere Organ, gewebet aus
Aetherschem Stof, verzehrt Verwesung nicht.
Der Geist schwingt leichter, unbeschränkter sich
Zu höhern Sphären, wo er dem Gesez
Der endlichen Vollkommenheit gemäs,
Stets näher rükt der Schöpfung großem Zwek,
Stets ähnlicher der Gottheit Bilde wird.

 Jedoch, wer sagt mir dies? Wol liegt in mir
Ein Trieb nach höherer Vollkommenheit,
Und o, umsonst gab den der Schöpfer nicht.
Er, der den Sperling auf dem Felde nährt,
Dem Wurme giebt, was er bedarf, sollt' er
Dem Geiste dies versagen? O am Geist
Versiegt der Strom der ewgen Güte nicht.

 Doch kann der Trieb nach höh'rer Thätigkeit
Auch je befriedigt werden? Wird nicht selbst
In seinem kühnsten Flug der Geist noch stets
Anstoßen an der Eingeschränktheit Rand?
Und stärker noch, je höher er sich hob:
Wie, oder schweift er ins Unendliche?

 Doch was wird Gott, der uns ins Dasein rief,
Wenn mit dem Körper auch der Geist zerstiebt?
Den Säugling, der am Mutterbusen stirbt,
Noch eh er einen Tropfen aus dem Kelch
Der Freude schmekte, rief kein guter Gott,
Wenn er nicht aus dem Grabe, wie im Lenz
Der Schmetterling aus seiner Hülle, geht.
Und ist dies Erdenleben Tausenden
Nicht zehnmal schröklicher, als Nichtmehrsein?

Wer zählt sie all, des Elends Summen, auf,
Das unter jeder Zone Menschen drükt?
Dort pflükken geile Fürsten ungestraft
Der Unschuld Blume, treten sie in Staub.
Sie reissen von dem Pflug den Jüngling weg,
Umsonst, daß in des grauen Vaters Arm
Die lezte Thräne zittert, weg den Mann
Von seiner Gattin, von der Kinder Kuß,
Verhandeln frech ihr Blut um frembes Gold,
Die Väter ihres Vaterlandes — Oft,
Wenn sie bei Laune sind, begleiten sie
Die Armen, die sich ihrem Schuz vertraut,
Selbst hin zum Würgaltare, ungerührt
Vom Röcheln ihrer Kinder, von dem Blut,
Das laut um Rache zu dem Himmel ruft.

(Die Fortsezzung nächstens.)

# Tagebuch der Mainzer Schaubühne.

### X. Stük.

Am 16ten Mai — der doppelte Liebhaber, Lustspiel in drei Aufzügen von Jünger.

Eine Plaisanterie nach Cibbers double galant. Komische Situazionen und feiner lachender Spott belustigen den Zuschauer, so unwahrscheinlich auch das Ganze ist. Die Aufführung wurde sehr vernachlässiget.

Madame Fiala als Frau von Hahn, verdient noch das meiste Lob. Sie fand sich glüklich in den Karakter des affektirten, koketten Weibes, die ein Spiel ihrer Einbildungen und Launen ist.

Herr Mattausch als junger Frankstein (den man hier in Felsenstein umgetauft hatte), überschritt zu sehr die Gränzen des Anstandes und feinen gesellschaftlichen Tons. Frankstein ist bei einem guten Herzen und einer gefälligen Aussenseite zudringlich und unbesonnen, er ist sogar unverschämt, wenn man will, aber er weiß diesen Fehler unter Laune und Weltton zu verbergen — er liebt Friederiken wirklich. Hr. Mattausch spielte durchaus mit Jronie und Spott, und selbst da, wo er sich ängstlich erkundigen sollte, ob Friederike verheirathet sei, ver-

zog sich sein Mund zum höhnischen Lächeln; er tän-
delte, gegen allen Wohlstand, die ganze Szene hin-
durch mit seinem Stok, als ob er ein Tet a Tet mit
demselben hätte. Wo er als Major Lowerth auftritt, und ihn Rickchen fragt: Sehen Sie mich wirklich zum erstenmale? nahm er eine Lorgnette, stürzte
an ihr vorüber, besah sie von oben bis unten, ꝛc.
Frankstein muß bei seinem Leichtsinn, bei seinen Thorheiten noch liebenswürdig sein, das gute Mädchen
muß ihn noch ihrer Liebe werth finden können; so,
wie Herr Mattausch sich benahm, hätte sie ihn ver-
achten, ihm die Thüre weisen müssen.

Herr Mattausch hat unverkennbare Anlagen
zum Schauspieler; aber er gefällt sich selbst
zu wohl und will gefallen. Dieses Bestreben
leuchtet aus seinem ganzen Betragen, aus seiner
ganzen Manier hervor. Er vergißt gewöhnlich über
seiner eigenen werthen Person die Rolle, die er zu
spielen hat; sein Körper hat keine sichre Haltung,
er macht häufige Sprachfehler, akzentuirt falsch ꝛc. —
Ein Theil des Publikums hat Vorliebe für ihn, und
nimmt wol dieses alles für Schönheit, oder duldet
es doch wenigstens: Aber kann dabei sich der Mann
beruhigen, der den Werth seiner Bestimmung kennt,
der fühlt, was er sich, was er andern schuldig ist.
Was ist Beifall, der sich nicht auf Achtung, auf
anerkanntes Verdienst gründet?

Ich habe noch Einiges an die Herren und Damen
insgesammt auf dem Herzen. Im Lustspiele soll der
Ton des gesellschaftlichen Umgangs, die Sitte der
feinern Welt herrschen. Es ist ein mächtiger Unter-

schied zwischen dem Ton des gemeinen Haufens und zwischen jenem der gesitteten Welt; doch darf er sich auch nie zur Affektation, nie zur Sprache des Kothurns versteigen. Diesen Unterschied kennt man auf der hiesigen Bühne beinahe gar nicht. Einige sagen ihr: „Wir wollen zu Tische gehen" eben so pathetisch, als August sein: „Laß uns Freunde sein, Cinna!" Andere nehmen ihren schläfrigen Gang, ihre Dreistheit und Anstandlosigkeit für leichten, ungezwungenen Weltton! Die Herren sollten mehr mit Menschen von Erziehung umgehen, sich selbst und ihren Stand mehr ehren, ihren Wiz durch Lesung guter Schriften schärfen. — Die Grazien, denen der Künstler opfern muß, haben ihre Altäre nicht in Schenken und auf Kaffeehäusern.

Die wenigsten Mitglieder unserer Bühne verstehen deutsche Sprache; dies fällt hauptsächlich in den Beugungen und Endungen der Wörter auf, wogegen alle Augenblikke gesündiget wird. Ich möchte ihnen rathen, sich Adelungs Sprachlehre anzuschaffen, um ihrer Sprache wenigstens Richtigkeit zu geben — Dies ist doch wol die kleinste Forderung, die man einem deutschen Schauspieler machen kann — daß er deutsch sprechen lerne! — Was ich noch zu sagen hätte — wegen Mangel des Raums — ein andermal.

Am 17ten Mai — Felix oder der Fündling, Operette in drei Aufzügen von Sedaine, und die Heirath durch ein Wochenblatt.

Der Fündling gehört unter die besten Singspiele. Die Handlung ist anziehend, die Karaktere haben Mannigfaltigkeit und Leben, das Interesse erhält sich bis zu Ende. Herr und Mde. Walther sangen mit Empfindung — vornehmlich das schöne Duett im lezten Akt — wo sie an ihren alten Vater geschmiegt ihm Liebe und Treue geloben. Es war eine rührende Gruppe, und noch nie habe ich die Macht der Musik, die Saiten des Herzens zu treffen, so ganz empfunden, wie in diesem Augenblikke.

Auch Mde. Günther, als Mädchen des Pachters, sang ihre Arie mit Munterkeit und Laune, und erhielt lauten Beifall.

Das Nachspiel wurde, wie das erstemal, sehr gut ausgeführt. Hr. Frankenberg, Hr. Böheim, Mde. Fiala — vornehmlich aber Herr Stegmann und Herr Czike, verdienten ganz den Beifall, der ihnen zu Theil wurde. Madame Walther als Schneidermeisterin Adler bewieß nicht gemeine Talente für komische Rollen, und es ist Schade, daß sie hier nicht öfters auftritt.

Am 19ten Mai — Heinrich der Vierte, ein Schauspiel in 5 Aufzügen nach Shakespear, von Schröder.

Dieses Stük trägt ganz das Gepräge von Shakespear's Geist; es ist ein groteskes Gemisch von Ernst und Laune, von pathetischen und burlesken Zügen. Die Aufführung betrog meine Erwartung nicht; aber ich muß freilich auch gestehen, daß ich nur — sehr wenig erwartet hatte.

Herr Stegmann — Heinrich. Bei aller ungeheuchelten Achtung für sein Künstlertalent möcht' ich ihn doch bitten, in keiner Rolle aufzutreten, die Anstand und Würde erfordert; diese Eigenschaften lassen sich nicht nachkünsteln, sie müssen uns natürlich und eigen sein. Den muthigen, stolzen Blik, der Ehrfurcht gebietet und einflößt, die Majestät, die in jeder Bewegung sichtbar ist, die Erhabenheit, die, wie ein höheres Wesen, eine heilige Weihe von unwillführlicher Verehrung um sich verbreitet — dies alles sind wir nun einmal gewöhnt an unsre Idee von den Gesalbten dieser Erde anzuknüpfen — und wenn wir es in der Nachbildung der Kunst vermissen — dahin ist unsre Täuschung. In der Szene, wo Heinrich matt und entkräftet in einen tödlichen Schlummer fällt, wo das Leben in ihm schon zu stoken beginnt, und der Prinz, der seinen Vater wirklich todt glaubt, die Krone hinwegnimmt, vergaß sich Herr Stegmann ganz; er sprach beim Wiedererwachen mit einem Feuer, mit einer Anstrengung, deren die lezte auflodernde Kraft eines abgezehrten Sterbenden nicht mehr fähig ist.

Herr Mattausch nahm den Karakter des Prinzen von Wallis aus dem unrechten Gesichtspunkte. Der Prinz denkt im Grunde edel — er ist tapfer und unternehmend, dies zeigen seine nachherigen Handlungen; Beschäftigungstrieb und Leichtsinn bringen ihn in schlechte Gesellschaft und verleiten ihn zu Handlungen, über die er bei kälterm Blute erröthet. Herr Mattausch hätte auch bei den lüderlichen Streichen des Prinzen nie die Grundzüge seines Karakters verwischen, er hätte uns in seinem Spiel auf das, was er nachher that, vorbereiten sollen. Daß er durch Sprachfehler manche Stelle verunstaltete, ist, leider! bei ihm eine schon etwas verjährte Gewohnheit.

Herr Wiedemann als Worcester spielte erbärmlich, wenn man anders ein schläfriges Herunterbeten seiner Rolle noch Spiel nennen kann. Hätte Hr. Czike nicht besser an seinem Plazze gestanden?

Herr Böheim als Hotspur drang in den Geist seiner Rolle. Er zeigte uns durchaus den muthigen, unbeugsamen, stolzen Krieger, der jeder Gefahr spottet, und lächelnd sein Blut für seinen König fliessen sieht, aber eben so schnell in Wuth und Rache aufbraust, da dieser ungerecht und undankbar gegen ihn handelt. Der Auftritt, wo er sich zur Rebellion entschließt, ist eins der sprechendsten Gemälde menschlicher Leidenschaft. Zorn und Rache gegen Heinrich füllen die Seele des Helden, er ruft auch seine Freunde zur Rache auf; aber wie nun Worcester ihm einen Plan angeben will, und dabei der Gefangenen erwähnt, die der König ihm abgefordert hatte, ver-

schlingt diese Vorstellung jede andere. „Ich will sie
alle für mich behalten! ruft er aus. Beim Himmel!
er soll keinen einzigen haben; nein! und wenn ihm
ein einziger die Seele retten könnte; ich will sie be=
halten, so wahr ich lebe!" Und gleich darauf:
„Er sagte, er wollte den Mortimer nicht auslösen;
er verbot mir von ihm zu reden — aber ich will
ihn aufsuchen, wenn er schläft, und ihm ins Ohr
hallen: Mortimer! Ich will einen Staar abrichten
lassen, der nichts anders rufen soll, als: Mortimer!
und will ihm den Staar geben, um seinen Zorn im=
mer in Athem zu halten." — Herr Böheim gab
diesen Stellen in der Darstellung das gehörige Licht.
So wie er wieder an seine Gefangene und an Mor=
timer erinnert wurde, überwältigte Rachgier seine
ganze Seele, alle Vorstellungen seiner Freunde gien=
gen ohne Eindruk vorüber, sein Blik flammte und
jede Miene sprach Wuth und Drohung.

Falstaf — Herr Koch. Wer kennt nicht den
drolligten, prahlerischen, feigen, gefräßigen, selbst=
genügsamen Sir John Falstaf? Alle seine Begierden
und Leidenschaften schränken sich auf seinen Magen
ein; er prahlt immer mit seinen Heldenthaten, und
zittert, wenn ihm jemand mi Stokschlägen droht;
seine Unverschämtheit geht über alles, er häuft Lügen
auf Lügen, und wenn er darüber beredet wird, so
hat er ein Duzzend neue in Bereitschaft, sich heraus=
zuhelfen, oder er dekket sich mit einem drolligten Ein=
fall. Ehrlichkeit ist ihm fremd, aber er weiß seine
Ränke mit Wiz zu verbrämen. Nichts sezt ihn in
Verlegenheit als Gefahr, und eine Flasche Sekt be=
sänftigt in ihm jede Leidenschaft. Koch schmiegte sich

glüklich in diesen grotesken Karakter, ohne denselben zur Posse herabzuwürdigen, und er behielt auf seinem Gesichte immer eine gewisse Gutmüthigkeit, welches ihm bei allen Lächerlichkeiten und Schurkereien etwas Anziehendes gab. Nur in der lezten Szene mit Heinrich, wo dieser schon zum König gekrönt ist, benahm er sich zu vertraulich, gerade als ob er sich noch mit dem Prinzen in dem Wirthshause zu Rochester befände. Falstaf hatte Einsicht genug, um die Unschiklichkeit eines solchen Betragens, besonders in Gegenwart des Lord Oberrichters zu erkennen; noch mehr: er erscheint bei jeder Gelegenheit, wo sein Vortheil im Spiel ist, als Schmeichler, und hiernach hätte Koch sein Spiel etwas mildern sollen.

Noch verdient Madame Wolschowsky als Wirthin Quikly bemärkt zu werden.

# Berichtigung der Briefe über die Koblenzer Schaubühne.

(Beschluß.)

Im sechsten Briefe wird Herr Schröder von dem Verfasser der Eitelkeit beschuldiget, indem er seinen Schauspielen, die doch größtentheils nach auswärtigen Stükken gearbeitet seien, den Namen Originalstükke beilege. Schröder hat diese Lächerlichkeit nie begangen; aber verschiedene unberufene Stribler wußten sich von seinen Schauspielen Abschriften zu verschaffen, und liessen sie, wider Wissen und Willen desselben, mit dem gerügten lächerlichen Beisazze drukken. — Man sollte einen achtungswürdigen Mann nicht sogleich und laut einer Arroganz, oder eines lächerlichen Stolzes beschuldigen, wenn man seiner Angabe nicht gewiß ist. — Daß Schröder unter Garrik dem Schriftsteller sei, ihn nur als Schauspieler erreiche — glaub' ich nicht. Garriks Theaterstükke sind voll Wiz und treffender Satire. Aber welches ist das größere Verdienst? Wenn Schröder im Vetter aus Lissabon ein sprechendes Gemälde von den Folgen des Luxus und der verwahrloseten Erziehung aufstellt, oder wenn Garrik ein paar Thoren seiner Zeit geisselt, und seinen Personen ein halbes Duzzend Epigramme in den Mund legt?

Was der Verfasser im siebenten Briefe über die moralische Seite der Räuber sagt, glaube ich schon im 4ten Stükke dieses Tagebuchs hinlänglich widerlegt zu haben.

Im achten Briefe ergießt sich seine Galle gegen den Figaro von Beaumarchais, den er aus der Ursache, weil er izt nur noch selten aufgeführt werde, für ein elendes Produkt hält.

Werke des Genies, die gewisse allgemeine Züge der Menschheit enthalten, interessiren zu allen Zeiten; denn Menschen, ihre Neigungen und Leidenschaften bleiben immer dieselben. Aber ganz was anders ists mit unsern Sitten und Thorheiten, diese ändern sich mit jedem Jahr, und mit ihnen veraltet auch der Wiz, der sie geisselt. Der Figaro war nur für Paris geschrieben; die Satire auf daselbst herrschende Sitten, die Anspielungen auf besondere Vorfälle und Begebenheiten, die Sarkasmen über gewisse Personen waren allerdings mit kaustischem Salze gewürzt, aber auch nur denen ganz geniesbar, welche die Ausfälle zu deuten wußten. Sie werden freilich auch für diese in wenigen Jahren das Anziehende nicht mehr haben, weil die Sitten veralten, und die Zeit das Lächerliche von manchen Gegenständen abstreift. Aber es wäre doch ungerecht, ihnen deswegen das Gepräge von Wiz und juvenalischer Satire absprechen zu wollen.

Im neunten Briefe fordert der Verfasser vom großen Schauspieler Feuer und Empfindung, als die einzigen Eigenschaften desselben. Nach meinem Dafürhalten kann ein Schauspieler beides besizzen, und doch nur ein sehr mittelmäßiger Künstler sein. Oder sind Menschenkenntniß, Geschmak, Laune, Sprachkenntniß, Anstand — für ihn etwa entbehrliche Dinge?

So viel über diese Briefe, die ich mit gänzlichem Stillschweigen übergangen haben würde, wenn sie nicht in öffentlichen Blättern angepriesen und in einer gewissen Gegend begierig gelesen worden wären; wo es mir also einigermaßen zur Pflicht ward, gewissen Eindrükken zu begegnen.

## Die Unsterblichkeit.
(Fortsezzung.)

Da bauet ihren heil'gen Opferheerd
Die Inquisition; ein fettes Chor
Von Priestern deß, der blutend an dem Kreuz
Noch Duldung lehrte mit dem lezten Hauch,
Schürt rings die Flamme; Psalmen heult ihr
          Mund —
So brüllen in dem unwirthbaren Schoos
Der Alpen Wölfe in der Winternacht,
Wenn sie nach Raub begierig Hordenweis
Sich einem Dorfe nah'n, das sorgenlos
Im Arm des süßen Schlummers liegt, es bebt
Der Landmann an der Gattin Brust zurück,
Und hört sie zitternd ihres Raubs sich freu'n:
So stürzen diese Priester Gottes izt
Mit bebendem Entzükken eine Schaar
Von Vätern, Müttern, Bräuten in die Glut,
Die nach des Herzens Einfalt Gott gedient.
Der Sterbenden Gewinsel ist Gesang
In ihren Ohren, und der Opferduft
Ist ihren Nasen süßer Wohlgeruch.

Die Sonne hüllt in eine Wolke sich
Beim grauenvollen Anblik, und im Grab
Erbebet selbst die Asche Dominiks.
Rings um den blutbesprizten Holzstoos her
Siehst du die Kinder dieser Märtirer!
Ihr Klaggeschrei bringt Felsen Mitleid ab,
Nur Menschenherzen bleiben ungerührt;
Der Thränenguß, der ihrem Aug' entstürzt,
Er löschte wol der Scheiterhaufen Brand,
Doch nicht die Wuth in frommer Mönche Brust.

 Kannst du noch mehr des Elends sehen, Freund,
Und bebet nicht dein Auge scheu zurük?
Komm, laß uns in Potosis Minen gehn,
In Schachten graunvoll wie die Mitternacht!
Sieh Tausende, die nie das frohe Licht
Der Sonne grüsset — ach, vom Mutterschoos,
Vom Busen der Geliebten raubte sie
Die Goldburst frommer Christen, zwingt sie da,
Die guten, freien Kinder der Natur,
Mit blut'ger Hand das schändliche Metall,
Um das sie ihre Väter einst gewürgt,
Und eine halbe Welt gedüngt mit Blut,
Herauszuwühlen, und ihr Rükken trieft
Noch täglich unter ihrer Mörder Faust.
Nie sehn sie mehr der holden Gattin Blik,
Nie hören sie der Kinder Stammeln — Tod
Ist nun ihr Wunsch, ihr Himmel. Gott, und du
Gabst ihnen auch das Leben als Geschenk!

 Doch nicht genug des Menschenelends noch.
Die Muse winkt uns in die Zelle hin,
Wo bei der Lampe melancholschem Schein

Ein Mädchen trauert, die der Aberglaub'
Um ihres Lebens ganzes Glük betrog.
Im Taumel heilger Schwärmerei, noch fremd
Mit Welt und Menschen, fremder mit sich selbst,
Von schlauen Mönchen übertäubt, da schwur
Sie am Altar der Schwüre schreklichsten,
Nicht eine von des Lebens Blumen je
Zu pflüken, ewig eingekerkert, nie
Des Frühlings Zauberlächeln mehr zu sehn,
Zu athmen nie in Gottes freier Luft,
Zu schmeken nie der Liebe Feuerkuß.
Izt flieht der Nimbus, den der Aberglaub'
Um sie gezaubert, izt, da der Natur
Verläugnetes Gefühl sich laut empört,
Da in der Andacht laue Triebe sich
Der Jugend heißre Triebe mischen, sie
Zum erstenmal die Kette fühlt, die nur
Die starke Hand des Todes löst.   Sie liegt
Auf wunden Knieen vor dem Kruzifix,
Und ihr Gebet sind Thränen — ach, umsonst!
Sie löschen nicht die lang verhaltne Glut,
Die tief im Marke lodert; mancher Traum,
Wie Menschen falsch und grausam, schleichet sich
An ihrer Zell' vorüber, täuschet sie
Durch Bilder eines beßern Glüks, und läßt,
Wenn sie erwacht, den Dorn ihr nur zurük.
Die Mitternacht hört ihre Klagen, sie
Hört noch der Morgen, wenn die Hora ruft.
So trauert sie des Lebens Frühling hin,
Bis mitleidsvoll der Tod die Blume, kaum
Entfaltet, knikt, und von dem Stengel reißt.

Ich seh' dein Aug' in Zähren schwimmen, Freund,
Seh' deine Seele bluten, und doch zeigt'

Ich schwache Bilder von dem Elend nur,
Das nicht verhüllet unter Menschen schleicht,
Nein, wie die Pest, am hellen Mittag tobt:
Wie manche Thräne fließt wol unbemärkt
In stiller Zelle und im Marmorsaal?
Wie manchen Seufzer hört die Mitternacht?
Wie manche Klag' verhallt im öden Hain?
Am Grabe der Geliebten liegt verzehrt
Von Schmerz der Jüngling, wünschet seinen Tod.
Verlassen wankt der Greis an seinem Stab;
Sein Arm begrub die Gattin und den Sohn,
Izt steht er einsam, ein verdorrter Stamm,
Sieht um sich keine jungen Zweige blüh'n.
Vom Vaterblute trieft des Sohnes Hand.
Die Erde öfnet ihren weiten Schoos,
Und schlinget Hütten, Städte, Länder ein.
Und wessen Auge trübte nie der Gram
Von allen, welchen je die Sonne schien?
Wen täuschte nie der Hofnung Buhlerblik?
Und dieses Leben wär das ganze Glük,
Das wir mit Schmerzen schon bei der Geburt,
Mit Schmerzen in dem Tode kaufen? Nein,
Dann ist kein Gott, der uns ins Dasein rief!
Ein blindes Ohngefähr herrscht über uns,
Und schüttelt unsre Loose, wie das Glük,
Das mit dem Topf voll Nieten Thoren prellt.
Und was ist Tugend, dieses schöne Band,
Das Geister wie die Schwerkraft Körper eint?
Warum erbleichet Sokrates für sie?
Ein Aristipp ist glüklicher als er.
Ihm reicht die Wollust ihren Honigseim;
Der Weise — schlürft den Schierlingsbecher aus.
Wenn Brutus für das Märchen: Freiheit, stirbt,

Der lezte Römer — und wenn Leopold,
Der uns den Glaub' an Menschheit wieder gab,
Dem Sturme trozt, um Menschen zu befrei'n,
Und ach, der Tugend schönstes Opfer fällt;
Verdienen sie noch wol Bewunderung?
Der Fürst, der von dem Raub des Landes schwelgt,
Ist weiser noch als sie; denn er hat ja
Genuß des Lebens, und die Tugend darbt.
Nein, hier erkenn' ich dich, Unendlicher!
Du bist — dies zeugen tausend Welten mir
Und ihre wundervolle Harmonie,
Dies zeugt der Baum, der hier entblättert steht,
Und neues Laub im nächsten Lenz gewinnt,
Du bist! und Tugend ist kein leerer Nam'.
Wenn sie auch hier in Staub getreten wird,
In bessern Welten blüht ihr schönrer Kranz.
„Doch welkt auch der dort ewig nimmer hin?"
Vergolten wird einst jede gute That,
Selbst die Empfindung, die zur That nie reift:
Doch sind nicht hundert, tausend Jahr erlebt
Im Arm der Freude, reichlicher Ersaz
Für dieses Erdenlebens kurze Müh?
Brauchts diese Fähigkeiten, die in mich
Der Schöpfer legte, zu entwikkeln, brauchts
Der Ewigkeiten, o so bin ich mehr
Als endliches Geschöpf — ich bin ein Gott!
Ach, hier versinkt mein Geist aufs neue, hier
An diesem Abgrund hält mich der Vernunft
Ohnmächtger Arm nicht mehr.  Wol ruft mich einst
Der aus des Grabes Nacht, der auch im Lenz
Die Blumen aus dem Schoos der Erde ruft,
Und das Insekt vom Winterschlafe wekt.

Ich finde sie, die meinem Herzen hier
So theuer waren, finde sie einst dort.
Doch einmal kömmt der bange Augenblik,
Wenn auch nur nach Jahrtausenden, er kömmt,
Der ewig dieses Aug' in Nacht verhüllt,
Der ewig diesen Götterfunken löscht.
Zerstörung meines Selbstes — nicht mehr sein —
Wie gräßlich tönt dem Geist dies Donnerwort!
So bebet nicht der Jüngling, wenn der Bliz
An seiner Seite die Geliebte trift,
Und sie in seinem Arm in Staub zerfällt,
Wie Geisterbeben vor des Nichtseins Bild.

(Der Beschluß nächstens.)

---

## Fragment eines Gesprächs.

A. Und Freund, du bleibest ungerührt,
Wenn grobe Schmähung auch des Wohlstands
      Pflicht vergißt?
B. Wer Ochs und Esel nur im Munde führt,
Der zeigt, daß er dabei erzogen ist.

# Tagebuch der Mainzer Schaubühne.

### XI. Stük.

## Fragment über die Oper.

Nichts scheint unbestimmter und schwankender zu sein, als die Begriffe, die wir von der Oper insgemein haben. Man weiß nicht, was man, von der dramatischen Seite betrachtet, eigentlich davon halten soll. Richard Löwenherz hat mich entzükt, sagt' ich zu diesem, er antwortete mit Enthusiasmus: „Ja!" Aber, fuhr mein Nachbar fort, eine Oper ist gegen die Natur, gegen allen Menschenverstand; wo sang man bei so ernsthaften Vorfällen im menschlichen Leben? es ist eitel Raserei. Jener erwiederte abermals: „Ja!" Ein Aristarch trat zwischen uns, löste den Knoten, sprach: Es ist verdorbener Geschmak! Niemand konnte oder mogte ihn widerlegen, und damit war die Sache entschieden: Eine Oper ist gegen die Natur der Dinge, folglich verdorbener Geschmak! —

Es ist schwer, eine klare Sache zu beweisen. Man ist verlegen, wo man sie angreifen soll, weil sie auf allen Seiten offenbar daliegt, und man keinen Zweifel oder Undeutlichkeit vor sich hat, woran man sich halten könnte, um den Beweis anzuknüpfen.

Ich könnte mich daher lediglich auf den allgemeinen Eindruk, den die Oper zurükläßt, berufen, und der Werth derselben hätte keine Schuzschrift nothwendig. Inzwischen läßt sich gegen die Oper, so wie gegen jedes Ding auf Erden, mit einem Anscheine von Grund etwas sagen, vorzüglich, wenn, wie hier der Fall zu sein scheint, der Widersacher die Sache aus einem falschen Gesichtspunkte betrachtet. Vor allen Dingen müste man sich also hierüber verstehen.

In einigen Gegenden des nördlichen Deutschlandes, wo die diktatorische Sentenzmacherei über den Geschmak des übrigen Restchens Welt zu Hause ist, hat man schon lange angefangen, den Erdensöhnen einmal die Augen zu öfnen, die Ohren auszumisten, und dem Geschmak eine amtliche Instruktion zu geben, wie er in der Welt zu erscheinen habe. Große Männer bewiesen eines Theils, daß Oper platter Unsinn, andern Theils, daß jede Musik, ausser der nördlich deutschen, eitel Zettergeschrei sei. Dessen ohngeachtet gewann die Oper immer mehr Land. Um dem Uebel eine gute Wendung zu geben, standen Genies auf, schrieben und komponirten Originalopern, um wenigstens die ausländischen zu verdrängen, und den seit vielen Jahrhunderten angeerbten Geschmak in seiner Aechtheit zu erhalten. Da jedoch die zum Muster aufgetischten vaterländischen Gerichte, troz allem gelehrten Geberden, keinem Gaumen, als höchstens jenem einiger schulvesten Rektoren und Kompagnie behagen wollten, so fieng man nach und nach an, sich zum verdorbenen Geschmak der Ausländer zu bequemen, die nun freilich alle Künste schon da zu ihrer Reife gebracht hatten, als unser Boden noch ziemlich brach und wüste lag. Man befand sich so gar übel nicht dabei; allein verhältnißmäßig stiegen auch zugleich die Klagen, daß unser dramatischer Geschmak verdorben sei, und wir es allein der Oper, diesem Auswuchs der schönen Künste, zu danken hätten.

Daß wir unendlich viel schlechte, sehr wenig mittelmäßige, und noch weit weniger gute Opern haben, wird kein Mensch in Abrede stellen. Es verhält sich damit noch um etwas schlimmer, als mit den übrigen Gattungen von Schauspiel. Da die Welt so wenig gute epische Gedichte hat, folgt daraus, daß ein episches Gedicht verdorbener Geschmak ist? und doch schließt man ohngefähr auf diese Weise.

In südlichem Deutschland machten die ausländischen Opern, so wie sie kamen, Glük, und erhielten Bürgerrecht. Sie wurden auch von unsern nördlichern Nachbarn festlich und feierlich aufgenommen. Nachdem diese sich aber vom ersten Taumel erholt hatten, fanden sie aus dem Grundsazze: daß für Deutsche nichts gut sei, was nicht auf deutschem Boden gewachsen, daß diese Opern purer Unsinn mit durchsichtiger, wäßrigter Musik, kurz, das frivolste Zeug von der Welt seien, das man aus dem Reiche des guten Geschmaks verbannen müsse. Allerdings wär' es vordersamst billig gewesen, zu bestimmen, was man denn eigentlich unter gutem Geschmak verstehe? allein darüber war man damals noch eben so wenig einig, als man es jezt ist, und wahrscheinlich so bald auch noch nicht werden wird. Alsdann erst, däucht mich, hätte man die Frage untersuchen sollen: Was ist eine Oper? und man würde gefunden haben daß der wichtige Einwurf: „Nie singen Menschen zusammen in den wichtigen Vorfällen ihres Lebens — also ist die Oper gegen die Natur — also Unsinn", äusserst unwichtig und lächerlich ist.

Wenn der Satz: es ist gegen die Natur, das heißt, gegen die tägliche Gewohnheit (denn sonst weiß ich nicht, was Natur hier ausdrükken soll), der Maasstab sein muß, nach welchem wir unsre Meinung zusammenfassen sollen, so möchte es mit unserer ganzen dramatischen Dichterei sehr übel aussehen. Wie könnte man eine Geschichte von zehen Jahren in drei Stunden einengen? Wo sprachen je Menschen in Jamben, oder in Hexametern? Was soll man von unsern Melodrama's sagen? — Dieser Grundsatz heißt so viel, als ohngefähr von der Kunst keinen gesunden Begrif haben; denn eben so gut liesse sich beiläufig fragen: Wo wohnen Menschen in einem gemalten Walde? wo stürzen sie sich in ein gemaltes Meer? und wer würde über ähnliche Einwürfe nicht lachen? Ich frage dagegen: Warum will man die Oper zur Komödie oder Tragödie reduziren, was sie nicht ist, nicht sein soll?

Oper ist eine ganz eigne vor sich bestehende abgesonderte Gattung von Schauspiel. So ist es auch mit dem Ballet. Beide sind Schauspiele, aber sie sind weder Lust- noch Trauerspiele. Wem wird es einfallen zu behaupten, daß Ballet darum Unsinn sei, weil die Menschen im täglichen Leben sich weder eine Liebeserklärung zutanzen, noch tanzend sich erschlagen? Man hält der Kunst etwas zu gute, und sieht, daß sie ohne diese Umstände aufhören würde, Kunst zu sein.

Die Oper fand bekanntlich ihr Dasein in Italien. Man fieng mit geistlichen Gedichten an, die man erstlich in Kirchen und musikalischen Akademien sang, und endlich zu heiligen Zeiten, um den Eindruk der Andacht zu vergrößern, auf die Bühne brachte. Die Erfindung fand Beifall. Die Tonkunst gewann unendlich dabei, und um ihr ein weites Feld zu geben, ihre möglichste Wirkung hervorzubringen, gab ihr die lirische Dichtkunst die weltliche Oper.

Man ist meistens in dem Irthum, als ob die Musik blos das Akzessorium bei der Oper wäre. Dieser Irthum scheint allein alle Verwirrung der Ideen in Bezug auf die Oper veranlaßt zu haben.

Vereinigung, Zusammenwirken der Töne und lirischen Dichtkunst, dieser vertrauten Schwestern, sind die Bestandtheile des Singspiels überhaupt. Die Hauptabsicht war und ist aber, lebendige Musik zu hören, lebendig durch Darstellung, durch Handlung. Niemals wird es der Tonkunst allein gelingen, die Affekten ganz, in allen Nüanzen, hinzustellen. Soll sie das, so muß ihr die Dichtkunst die Hand bieten. Das Gedicht ist die erste Grundlage, auf welcher die Tonkunst das Gemälde vollendet, um ihre höchste Wirkung hervorzubringen, und wer wird behaupten, daß diese höchste Wirkung Unvollkommenheit sei? Ich sehe, mit den Begriffen, die ich von der Tonkunst habe, nicht ein, wie es der Musik möglich wäre, ohne Oper, diesen höchsten Grad von Effekt hervorzubringen. Beide Künste scheinen unzertrennlich, und für einander geschaffen zu sein. Ein gutes Lied, wenn man es liest, wird bei weitem den Eindruk nicht machen, als wenn es mit Seele gesungen wird.

Daß die Musik auf der Bühne mehr wirkt, als an jedem andern Orte, folglich, daß sie auf der Bühne am rechten Orte stehe, wird jeder Sachverständige einräumen. Hundert für Musik empfänglich Zuhörer werden leicht ganze Opern auswendig behalten — kaum zween davon die beste Sinfonie. Darstellung war zum Effekt der Tonkunst nothwendig. Szenen, welche auf der Bühne die höchste Wirkung thun, lassen uns oft in einem Saale sehr ruhig, weil ihnen Darstellung fehlt, die uns in die Situazion sezt, die Tonkunst zu verstehen, und ihre Akzente aufzufassen. Was kann nun hierinn entscheiden, wenn nicht allgemein anerkannte Wirkung? Etwan konvenzionelle Säzze, bei denen das Herz kalt, und die Sinne stumpf werden?

(Die Fortsezzung nächstens.)

Frankfurt am 28ten des Mai 1788.

Ich komme so eben aus Mina von Barnhelm. Dieses Stük ist noch immer die Krone unserer Lustspiele, und ein sicherer Beweis, daß Werke des Genie's nie veralten, daß ihre Schönheiten — auch bei fortschreitender Kultur und Ausbildung des Geschmaks — sich nicht verlieren. Leßing ist Meister im Plan, im leichten gefälligen Dialog, in der Richtigkeit und Grazie des Ausdruks, in der Auffassung gewisser kleiner Züge und Umstände, die uns so tiefe Blikke in den Karakter seiner Personen thun lassen. Diese Vorzüge findet man auch in dem heutigen Stükke vereint. Nur den Hrn. Riccaut de la Marliniere und die Dame in Trauer dürfte der strengere Kunstrichter als überflüssig wegwünschen, weil sie in den Plan des Ganzen zu wenig wirken. Freilich giebt Herr Riccaut zu einer drolligten Szene Anlaß; freilich macht uns die Dame mit dem vortreflichen Karakter Tellheims bekannter, und heftet gleich Anfangs unsere Theilnahme auf ihn; allein die schöne Rundung des Ganzen geht denn doch darüber verloren; und überhaupt heischt es die Pflicht des dramatischen Dichters, seine Karaktere durch die Haupthandlung zu entwikkeln.

Ueber die heutige Aufführung muß ich verschiedenes bemärken.

Major von Tellheim war Herr Koch. Er spielte vortreflich, und verdiente um so mehr Bewunderung, da die Empfindungen des edlen, braven Kriegers sich mehr in Geberden, als in Worten ausdrükken. Der Schauspieler muß, wie der Dichter, aus seiner Rolle ein schönes Ganzes zu bilden wissen; kein Ton, keine Bewegung, keine Geberde, kein Vergessen seiner Rolle darf die Einheit und Wahrheit verlezzen oder eine Lükke in der Ausführung zurüklassen. Herr Koch beobachtet dies genau; er hält sich treulich an die Zeichnung des Dichters, und läßt keine Nüanze, keinen Zug verloren gehen. Manche unsrer Schauspieler und Schauspielerinnen spielen einzelne Szenen gut, bisweilen vortreflich; aber es sind denn doch immer

disjecta membra poëtæ!

Dies bemärkt man hauptsächlich, wenn sie gerade nichts zu reden, oder zu thun haben. Da auf einmal steht der bloße Schauspieler vor uns, der Faden seiner Rolle ist abgerissen, und, kömmt die Reihe zu sprechen wieder an ihn — geschwind sucht er denselben wieder anzuknüpfen.

So meisterhaft übrigens auch Kochs Spiel — als Tellheim — war, so wünscht' ich ihn doch nur selten als Liebhaber zu sehen. Wir sind nun einmal daran gewöhnt, daß wir uns von besondern Menschengattungen gewisse allgemeine Begriffe und Merkmale abziehen, die wir in jedem Individuum dieser Gattung wieder zu finden hoffen; wird unsre Erwartung hintergangen, so verliert sich auch nothwendig die Illusion, und ohne sie giebt es keine höchste Wirkung der Kunst. Wir erwarten z. B. in dem begünstigten Liebhaber eines edlen schönen Mädchens ebenfalls Schönheit, jugendlichen Reiz, schlanken Wuchs, u. d. gl. Wir suchen sogar in diesen Eigenschaften die Haupturssache ihrer Liebe. Wohl giebt

es Ausnahmen; aber wo sie sich nicht schon in der
Zeichnung des Dichters finden, darf sie der Schauspieler auch nicht hineintragen. — Würde Hr. Koch
nicht besser für die schöne Rolle des Wachtmeisters
Werner gepaßt haben?

Herr Koch sollte auch aufmärksamer auf seinen
niedersächsischen Dialekt sein. Er sprach einigemale
das Wort — Schuldner — und legte den Akzent
auf die lezte Silbe. Dies thut unsern oberdeutschen
Ohren sehr wehe. Der Schauspieler, wie der Schriftsteller, hat sich nicht an die Sprache der Provinz,
sondern an die Schriftsprache der Nazion, an die
Aussprache der gebildetern Stände zu gewöhnen.

Mina von Barnhelm — Madame Böheim.
Bei ihr trift es ein, was ich oben sagte: Sie spielt
einzelne Szenen gut, verfehlt aber öfters den gesellschaftlichen Ton, und giebt uns überhaupt von dem
schönen Bilde des Dichters nur einzelne, zerstreute
Züge wieder. Mina ist ein edles Mädchen, denn
sie liebte den Major um einer edlen Handlung willen,
noch bevor sie ihn kannte; sie ist heiter und froh,
bisweilen sogar muthwillig; aber sie vergißt nie das
Mädchen von Erziehung, von Welt: ihre ganze
Seele hängt an dem Major, sie ist nicht zurükhal-
tend mit ihrer Liebe, wendet alles an, um seinen
störrischen Edelmuth zu beugen und seine Hand zu
erhalten. Doch diese Freimüthigkeit liegt in ihrer
geraden, offenen Denkungsart, sie darf nicht in
Dreistheit, nicht in Koketterie ausarten, nicht Mangel an Delikatesse, an Gefühl weiblichen Werthes
blikken lassen. — M. Böheim wird mich verstehen!

Franziska — Madame Wolschowsky. Sie verfehlte ganz den Geist ihrer Rolle. Franziska ist liebenswürdig, schalkhaft, munter — naiv; aber nicht dreist, nicht vorlaut, nicht kokett. In der Szene, wo sie den Wachtmeister über seinen Ausfall auf die sächsischen Mädchen nekt, bog Mad. Wolschowsky die Hände gegen ihren Schoos, heftete ihren Blik darauf und sprach das: alle zwanzig, Herr Wachtmeister! mit einer bedeutungslosen Miene. Sie sollte hier ihre Hände emporhalten, die Finger auseinander rekken, den schalkhaften Blik auf den Wachtmeister kehren, und dann mit dem Tone der Jronie, mit einer losen Miene ihr — alle zwanzig ꝛc. sagen. Die lezte Szene, wo Franziska dem Wachtmeister sich anbietet, muß mit Feinheit und Delikatesse behandelt werden. M. Wolschowsky sah Wernern dreist an, mit den Worten: Brauchen Sie keine Frau Wachtmeisterin? Ich sah einst eine Schauspielerin als Franziska, die bei dieser Rolle verlegen mit ihrer Schürze spielte, den verschämten Blik izt auf die Erde, izt auf den Wachtmeister kehrte, und endlich unschuldig und naiv das: Brauchen Sie keine Frau Wachtmeisterin? hervorlispelte. Welche von Beiden kam dem Bilde des Dichters und der schönen Natur am nächsten?

Paul Werner — Herr Czike. Werner ist ganz Soldat — rauh und tapfer, aber dabei rechtschaffen und biederherzig, voll Liebe für seinen Major, mit dem er seinen lezten Heller theilen würde. So stellte ihn auch Hr. Czike dar, nur war sein Spiel zu einförmig, er nüanzirte die verschiedenen Grundzüge seines Karakters nicht sprechend genug, seinem

Ausdrukke mangelt Feuer, wovon die Hauptursache an seinem heisern Organ liegen mag; seine Geberden, aus denen man auf die innern Gesinnungen und Empfindungen zurükschliessen, die denselben entsprechen sollten, sind meistens nichts sagend — ein unsbeschriebenes Blatt.

Riccaut de la Marliniere Herr Wolschowsky. Er hatte a[...]ie Dreistheit und Unbesonnenheit, die Leichtigkeit über jede Verlegenheit wegzuspringen, die Affenliebe für sein Vaterland und seine Sitten — welche diesen Glüksritter karakterisiren.

Der Wirth — Herr Böheim. Faßte und führte diese komische Rolle gut aus.

Just — Herr Groß. Er betrat heute zum erstenmale unsre Bühne, und scheint für das Niedrigkomische nicht ohne Anlage zu sein. Ganz war er der rohe, ungebildete, niedrig aber redlich denkende Pursche, der den Wirth prügeln oder ihm das Haus anstekken will, weil er seinen Herrn beleidigt hatte; nur die Gutmüthigkeit und Ehrlichkeit, welche Hauptzüge in Justens Karakter ausmachen, und allenthalben durch seine Rohheit vorschimmern, die aber freilich auch schwerer zu treffen sind, giengen in dem Spiel des Hrn. Groß verloren. Hier und da erniedrigte er sich auch bis zu Possen, und man bemärkte deutlich an ihm das Bestreben, das Zwerchfell des Haufens zu erschüttern. Warlich für den Künstler ein sehr unwürdiger Zwek!

Herr Groß scheint mehr Routine als eigenthümliches Kunsttalent zu besizzen — die Nachahmung ist bei ihm allzusichtbar; und ich zweifle, ob unsere Bühne einen beträchtlichen Erwerb an ihm gemacht habe. —

Wenn es wahr ist, daß das Händeklatschen eines Publikums zum Thermometer seines Geschmaks dienen könne, so muß ich gestehen, daß der gute Geschmak in Frankfurt noch keine beträchtliche Höhe erreicht habe. Das heutige Stük fiel im Ganzen sehr mittelmäßig aus, und doch wurden beinahe alle Szenen und alle Schauspieler beklatscht, und es hätte wenig gefehlt, man hätte Herrn Groß um seines Possenspiels willen herausgerufen. Freilich mag der Dichter wol den größten Antheil an dem lauten Beifalle gehabt haben; allein das Aplaudiren gilt doch nur den Schauspieler.

———————

v.

## Theaterschriften.

### Fernando und Leonore — Operette in einem Aufzuge.

Ein neues Geschenk für unsre lirische Bühne von dem Herrn Grafen von Spaur. Die Handlung ist anziehend — auf einer wüsten, unbewohnten Insel lebt Leonore mit ihrer jüngern Schwester, verlassen von ihrem Fernando, abgeschieden von Menschen und ihren Freuden. Ein Sturm verschlägt ihren Geliebten mit seinem Freunde dahin — Leonore hatte ihn untreu geglaubt, er war es nicht. Seeräuber hatten ihn aufgefangen und von ihr getrennt. Sie vereinigen ihre Hände und besteigen ein Schif nach ihrem Vaterlande. So einfach dieser Stof ist, so wußte doch der Verfasser eine Reihe von interessanten Situazionen daraus zu bearbeiten. Vornehmlich gefällt der naive, unschuldige Karakter der kleinen Silvia. Sie weiß nicht, daß es noch menschliche Wesen ausser ihr und ihrer Schwester giebt, und doch erwekken die Triebe der aufwachenden Jugend, das Bedürfniß ihres Herzens immer unbekannte Ahndungen und Wünsche in ihrer Brust. Sie wählt ihre Ziege zu ihrer Freundin, und grämt sich, wenn die Bäume und Thiere sich nicht mit ihr freuen, oder ihr keine Antwort geben. Tändelnd und schön, und so ganz aus ihrem Karakter genommen ist die Arie, mit der sie auftritt, indem sie einen Schmetterling verfolgt:

>  Ich werde dich schon haschen,
>  Du sollst mich nicht mehr nekken,
>  Verweguer Schmetterling!

Ich will dich lehren naschen
Von meinen Rosenstökken,
Du kleines buntes Ding.
Husch! husch! da hab' ich ihn!
Ha, bebst du um dein Leben?
Nun gut, ich will dirs schenken,
Diesmal dir noch vergeben,
Doch merk es dir, und fliehe ☙.

Man sieht, ohne mein Erinnern, wie genau auch das Silbenmaas sich dem Inhalte anschmiegt und die Lebhaftigkeit der dichterischen Ideen erhöht. Dieses — in unsern Operetten so seltene Verdienst haben die Gesänge in diesem kleinen Stükke fast durchaus, und wir wünschten nur, daß ein Naumann oder Dieters die lezte Hand daran legen möchte!

---

## Die Unsterblichkeit.
(Beschluß.)

Doch wohl mir, daß auch hier in dieser Nacht
Ein Lichtstral dämmert! Sie, des Himmels Kind,
Und bester Segen, die Religion,
Sie bietet mir mitleidig ihre Hand,
Zu leiten mich in diesem Labirinth.
In deine Arme werf' ich mich getrost,
O Göttliche, wenn bange Zweifel mich
Umlagern, wenn auf rauher Dornenbahn
Die wunden Füße straucheln, schwarzer Gram
An meinem Leben nagt, und sich mein Blik
Fern in der Zukunft Dunkelheit verliert.
So süß ist nicht am schattenvollen Born
Des Schlummers Kuß dem müden Wanderer,

Als mir die göttliche Verheissung des,
Der für das Glük der Menschheit blutete:
Wir werden sein, durch Ewigkeiten sein!
So mag nun bald sich in des Grabes Nacht
Mein Pfad verlieren, mag der nächste Lenz
Auf meinen Hügel seine Blumen streun,
Ich werde sein, durch Ewigkeiten sein!

O Lina traure nicht, wenn bald vielleicht
Des Todes Genius — ein holder Knab',
Der lächelnd sich des Frommen Lager naht —
Wenn bald er meine Lebensfakkel löscht!
An meiner Urne, wo du einsam weinst,
Umwehe mit der Dämmrung Schauern dich
Der hehre Glaube an Unsterblichkeit.
Dort unter Menschen einer bessern Welt,
Dort finden wir uns wieder, und uns lacht
Ein Morgen, der an keinen Abend gränzt.

---

### Den Manen meiner unvergeßlichen B. gewiedmet.

Dich auch soll mein Auge nicht mehr sehen,
Die der Himmel mir zur Freundin gab?
Ach die leisen Frühlingslüftchen wehen
Um des Freundes und der Freundin Grab!

Du verwelktest in des Lebens Blüte!
Diesen lichten, forschenden Verstand,
Diese Unschuld, diese Herzensgüte
Dekt nun eine kleine Spanne Sand.

Noch vor kurzem fand ich in der Mitte
Unsrer Lieben dich gesund und froh:
Wie uns da, befreit von strenger Sitte,
Schnell und rosigt manche Stund' entfloh!

Wie der Rhein auf seinem breiten Rükken
Spielend unsern leichten Nachen trug,
Und das Herz von Freundschaft und Entzükken
Bei den Liedern von Jakobi schlug!

Wie der Mond so freundlich durch die Bäume
An dem schweigenden Gestade schien!
Diese Tage sind, wie Morgenträume
Beim Erwachen, ohne Spur dahin.

Einsam schlummerst du im engen Hause —
Meine Thränen fliessen fern um dich!
Doch getrost, nach einer kleinen Pause
Wen'ger Jahre find' ich wieder dich.

Wenn auch Nächte meinen Pfad umdüstern,
Wird dein Bild im stralenden Geleit
Süßer Hofnung leisen Trost mir flüstern,
Und die Ahndung der Unsterblichkeit.

## An Rousseau's Grabe.
An diesem Hügel, Zweifler, stehe hier —
Er predigt laut: du bist unsterblich! dir.

---

Mit dem 13ten Bogen endigen diese Blätter ihr erstes Quartal. Ob sie fortgesezt werden? hängt von der fernern Aufnahme des Publikums ab, und ich bitte desfalls die Herren Subscribenten sich in Zeiten zu melden.

d. H.

# Tagebuch der Mainzer Schaubühne.

## XII. Stük.

### Fragment über die Oper.
#### (Beschluß.)

Mancher Antioperist, wenn ich so sagen darf, will sich gleichwohl aus Erbarmen gefallen lassen, daß man hier und da in der Oper singe, so zwar, wie es manchmal bei dieser oder jener Gelegenheit im menschlichen Leben auch zu geschehen pflege. Eine solche Behauptung sezt freilich sonderbare Begriffe von der Oper, und — gar keine von der Tonkunst voraus. Die Oper würde sich also auf ein paar Sauf- oder Liebes- oder andere Gelegenheitslieder reduziren, und würde aufhören Oper zu sein. Man verwirre nicht die Begriffe. Oper ist Oper, ein eigenes Schauspiel für die Musik, wie Ballet für den Tanz, und ist weder Komödie, noch Tragödie, eben so wenig, als Blumenkunde und Feldbau das nämliche Ding sind. Wir wollen keine Sammlung Bruderschaftslieder, wir wollen die großen Effekte der Tonkunst in ihrer möglichsten Vollkommenheit.

Für nichtmusikalische Ohren, oder solche, die sich nur am Pauken- und Querpfeifengetöse laben, mag eine Oper allerdings ein sehr langweiliges Ding sein, so ohngefähr, wie Raphael oder Correggio für — wenn ich mich des Ausdrucks bedienen darf, unmalerische Augen. Wer also dieses feinen ächten, wirklichen, nicht scheinbaren oder erkünstelten Takts für das Göttliche der Tonkunst beraubt ist, nicht Kräfte hat, aufzufassen und zu analisiren diese gewaltigen Züge, und dann wieder dieses leise kaum merkbare Beben über die geheimsten Saiten unserer Empfindungen, so erschütternd und so dahinschmelzend in zween Akkorde; der sollte sich freilich nicht die Laune in der Oper verderben, zu welcher er nicht geschaffen ist, und worüber er in seinem Leben nichts gesundes sagen wird, weil er nichts — oder ohngefähr eben so viel dabei empfindet. Ich habe wenigstens in meinem Leben keinen erklärten Widersacher der Oper gefunden, der musikalisches Gefühl, der nur die superfiziellsten Kenntnisse der ächten Tonkunst gehabt hätte. Seine Wissenschaft hierin war nicht einmal bis zur Stümperei gediehen, und so ein Mann ohne Ohren, die er doch nicht entbehren kann — ohne musikalisches Gefühl, ohne Sachkenntniß, sezt sich auf den Dreifuß, und richtet Lebendige und Todte!

Die Oper besteht bekanntlich in der großen und kleinen Oper, oder in der ernsthaften und komischen, seria und buffa. Ich schweige ganz von der großen ernsthaften Oper, wo Dichtkunst, Musik, Maleret und Tanz sich vereinigen, durch Augen und Ohren uns ein reiches Mal vorzusezzen. Die Italiener haben ihren unerreichbaren Metastasio, die Franzosen ihren Quinault, wir hatten nichts, als ein Paar unglückliche Versuche, und danken den Göttern des Olimps, daß es dabei geblieben. Diese Gattung

Oper ist für unsre Bühne zu kostbar, und nebstdem treten noch hundert andere Ursachen hinzu, warum sie auf unserm Boden nichts mehr, als — Flikwerk bleiben würde. —

Die Italiener kennen keine andere Oper, als die Seria und Buffa. Die Franzosen fanden, daß auch ernsthafte Sujets sich zu kleinen Opern arbeiten ließen und mehr Interesse erwekken würden. Jede Nation blieb bei ihrem Muster. Wir Deutsche fanden Behagen an beiden, pflanzten beide auf unsre Bühnen, und versuchten wohl auch, aus beiden ein eignes Potpourri zu machen, wobei nicht viel herauskam, und wieder aufhörte.

Die Opera buffa der Italiener ist lediglich für die Tonkunst geschrieben, aber leider an gewisse konvenzionelle Muster gebracht worden, woraus nothwendig Monotonie entstehen muß, so wie aus allem, was unabweichlich unter dem eisernen Fuß eines Musters seufzt. Darauf achtet der Italiener wenig. Wenn nur Situazionen für Musik, Wiz, Eleganz, oder Laune im Ausdruk ist, über das Ganze der Handlung, als Drama, ist er leicht befriedigt. Ehe ich weiter gehe, wird man mir gleich den Einwurf machen, daß es kein elenderes Schauspiel gebe, als diese Opera buffa, und man wird mir eine ganze Menge dahernennen, die gar keinen Funken Menschenverstandes verrathen. Als Komödie betrachtet, und besonders so, wie sie auf unsere Bühnen jämmerlich zugerichtet gebracht werden, sei's zugegeben. Das Ganze hat keinen Zusammenhang, kein Interesse, die Leute kommen wie aus den Wolken zusammen, tappen bei hellem Lichte in der Finsterniß, was sie schwazzen, ist albernes Zeug, kurz, es ist keine Absurdität, die nicht in diesen welschen Opern vorkäme.

Die Opera buffa ist aber ein Ding, von dem man auf unsern deutschen Bühnen den unglüklichsten Gebrauch macht, gerade, als ob man sich das Wort gegeben hätte, sie nach bestem Wissen und Vermögen zu entstellen. Sie hat zwei Carateri, il serio und buffo, um dem Komponisten mannigfaltige Situazionen zu geben. Die Parte seria beschäftigt sich mit dem Gesang, mit dem Edlen, Erhabenen der Tonkunst, und der Buffo muß hauptsächlich durch sein Spiel der groteßken Musik nachhelfen, das Stük halten, das Zwerchfell erschüttern, und Leben über das Ganze verbreiten. Man sehe diese Opern in ihrer Sprache, auf ihrem mütterlichen Boden, mit soviel Seele und Wahrheit gesungen, von diesen an origineller komischer Laune unerschöpflichen primi Buffi gespielt; wobei weder das Täuschende, Abstechende, Feenartige der Verwandlung, noch der dazu sorgfältig beobachteten Gradation der Beleuchtung, der Kleidung, und anderer, bei uns ganz vernachlässigter Nebenumstände, vergessen ist. Auf unsere Bühnen bringt man das Gerippe, alle Gliedmaßen sind abgerissen und verstümmelt, von der kräftigen Brühe hat man alle Würze abgeschöpft, und sie wieder zur Wassersuppe reduzirt.

Die italienische Sprache hat eine Süßigkeit für das Herz, eine Gewandtheit für das Komische, die keine andere, und beinahe keine weniger, als die deutsche, erreichen kann. Kleinigkeiten lassen sich in derselben mit einer Grazie sagen, die in der besten Verdeutschung Plattitüden bleiben, man mag sie umkehren wie man will. Das eigne Komische dieser Sprache in ihren Worten, Inversionen, Hyperbolen und dergleichen kömmt in der unsrigen abentheuerlich, abgeschmakt oder sinnlos heraus. Der Uebersezzer sollte also suchen diese Grazie, dieses Komische, dieses Eigenthümliche zu nazionalisiren, und nicht — zu übersezzen. Daß er aber statt des ihm unübersezlichen Wizzes, statt des ihm unverständlichen Scherzes eine wörtliche Uebersezzung oder ein eigenes quid pro quo hinsezt, daraus muß nothwendig ein Monstrum entstehen. Auch die im Plane mittelmäßigen, mit mittelmäßiger Musik beseelte Opern danken oft ihre Erhaltung einzelnen Stellen, wovon in der Uebersezzung keine Spur zu finden ist. Diese Opern nun nach einer ohne Sachkenntniß geradbrechten Uebersezzung veranstaltet, von allem attischen Salze rein gesäubert, von unbeholfenen, oder wenigstens dieser Gattung Schauspiele nicht gewachsenen Leuten gespielt, kalt und schlecht gesungenen, ohne Schatten und Licht akkompagnirt; diese Opern müssen ganz natürlich einen sonderbaren Begrif von der italienischen Oper insgemein hinterlassen. Ich wiederhole es, es ist eine Wassersuppe in einer schlechten Schüssel, und von schlechten Köchen bereitet. Allein, was kann die Oper dazu? Warum soll Tarare es entgelten, daß man in einer gewissen Stadt ein Trauerspiel in forma daraus zusammengeflikt? Ersparte man weder Mühe, noch Studium, noch Kosten, die italienische Oper in ihrer wahren eigenthümlichen Gestalt auf unsere Bühnen zu bringen, hätte der ernsthafte Part solche Stimmen und Künstler, der Komische eben diese Buffi, wäre das Orchester, die Maschinerie, und was mehr dazu gehört, auf dem nämlichen Grad von Vollkommenheit, so würde der deutsche Zuschauer in seinem Urtheile gelinder sein.

Freilich, zur Erweiterung menschlicher Kenntnisse, Auflösung philosophischer Probleme, Studium des Menschen und seines Karakters, zur bildenden Schule des Herzens ist die Opera buffa nicht, das soll sie aber auch nicht. Die Sinne wollen auch ihre Nahrung haben, ohne immer einem Unterricht von Sittenlehre oder Geistesbildung beiwohnen zu müssen, wozu mir überhaupt das Schauspielhaus nicht der eigentlich bestimmte Ort zu sein scheint, was man auch darüber behaupten mag. Man will Zerstreuung, edlen sensuellen Genuß haben, wobei der Geist ruhen könne, man will schäfern, und einen Augenblik die Bürde des Tages vergessen, und in der Oekonomie des Lebens verdienen die Sinne doch wohl auch eine kleine Rüksicht, däucht mich?

Bekanntlich wird in der Opera buffa von einem Ende zum andern alles rezitirt, was nicht gesungen wird. Die Franzosen veränderten das Rezitativ in Dialog, und durchmischten ihn mit Arien allerlei Art und Gestalt, mit Duetten, Terzetten, Chören, und dergleichen. Allmälig entstanden hieraus die Schauspiele mit Gesang, Comédie mêlée d'ariettes; eigentlich eine neue Gattung Opern, komischen oder ernsthaften Innhalts, und wobei das Interesse des Drama's genauer beobachtet wurde. Ihre Komponisten sezten Musik nach ihrer Nazionalmanier dazu.

Gluk, Gretry, Manſigni gaben der magern franzöſiſchen Muſik mehr Wahrheit und Ausbildung, und ſo kam die Operette auf den heutigen Fuß. Der Geiſt bleibt dabei nicht ganz nahrlos, das Herz nimmt Antheil daran, und die Sinne haben zugleich ihre Gerichte. Ob nun die italieniſche und franzöſiſche Oper in mancher Rükſicht voneinander abweichen, ſo bleibt der Saz doch immer derſelbe: Beide ſind eigene Schauſpiele, lediglich für die Muſik geſchrieben. Wir Deutſche benüzten auch dieſen Fund, überſezten und ahmten nach, ahmten glüklicher die Franzoſen nach, weil dieſe Nachahmung in jeder Rükſicht leichter, als jene der Italiener iſt. Der Italiener muß ſeine zwei Caratteri, für jeden ſo viel Arten, jede nach einem eigenen Zuſchnitte haben, damit das parlante, cantabile, allegro, rondo, und wie es ferner heißt, ſich fein etiquettemäßig folgen; dort muß das Duett, hier das Terzett ſtehen, und jeden Akt muß ein Finale von mehreren Szenen ſchlieſſen, worinn ohne Gnade alle Perſonen des Stüks zuſammenkommen müſſen, es mag zugehen, wie es will, weil es ihr Grundſaz iſt: der Muſik bei der Oper alles aufzuopfern, weil die Oper lediglich für die Muſik iſt. Geräth die Sache, ſo iſt die Wirkung davon freilich unbeſchreiblich ſchön, aber der Erfolg beweißt, wie ſchwer ſie ſei. Die Franzoſen bekümmerten ſich nicht darum. Sie lieſſen ſingen, wo ſie glaubten daß geſungen werden könne und müſſe.

Beaumarchais ſagt im Barbier von Sevilien: On fait chanter ce qui ne vaut pas la peine d'être dit. Das iſt nun, leider! mitunter ſehr oft wahr\*), und ein noch gewöhnlicherer Fehler der französischen Operndichter ist, daß sie oft da singen lassen, wo es dem Ganzen offenbar schadet. Inzwischen haben wir ohne weitere Umstände die französische Oper mit samt ihren Fehlern, wie sie gieng und stand, auf unsre Bühnen gesezt, und im Ganzen machten sie auch mehr Glük, als die italienische. Die Ursache davon liegt am Tage. Wir sind mit den Sitten, Gebräuchen und Einfällen der Franzosen bekannter, als mit jenen der Italiener, und verstehen überhaupt ihre Launen besser. Die französischen Opern wurden in ihrer natürlichen eigenen Gestalt, und nicht zerrissen und verstümmelt, wie die italienischen, auf unsern Boden verpflanzt, vom dramatischen Interesse gehoben und belebt, welches in der italienischen durch andere Nebenumstände zwar ersezt wird, in unsern Uebersezzungen aber schlechterdings verlohren ist.

Die Italiener hatten so wie die Franzosen den nämlichen Zwek bei ihren Opern — die Tonkunst; und daß sie nicht den nämlichen Weg giengen, verschlägt wohl nichts. Zween gleichgute Maler, welche den nämlichen Gegenstand gleichgut und glüflich malen, werden in ihrer Manier oft sehr verschieden sein. Jeder hat seine eigene — jede kann gut sein, und jeder wird seinen Zwek erreichen. Nur ein Laie in der Kunst wird deshalb das eine oder das andre dieser Gemälde verwerfen.

───────

\*) Dieses Bon-mot ist lange als Satire gegen die Oper genommen worden. Beaumarchais hat uns nachher gezeigt, daß es nur Satire gegen den schlechten Vers sey. Was soll man aber zu seinem Vers auf allen Blättern des Tarare sagen. Bonmots gelangen ihm von jeher besser, als gute Verse.

Nehmen wir nun an, was wir nicht wohl verwerfen können, daß Oper nicht Lust- noch Trauerspiel, sondern ein eignes Schauspiel, und von diesen so verschieden sei, als Ballet auch — ferner, sind Gedicht und Musik gut daran, so wird die Frage über den Geschmak auch leicht entschieden sein. Oder soll etwa die Oper darum verworfen werden, weil wir Hamlet, Göz, und Nathan der Weise haben? so muß auch das nämliche vom lirischen Gedichte wohl gelten, sobald wir eine Epopee erhalten, die man mit Ehren produziren kann.

Ob aber das Operngedicht gut oder nicht gut in der Anlage, in der Haltung, in der Ausführung, in den einzelnen Theilen, und im Ganzen — ob der Dichter Gesang und Dialog glüklich zu verweben weiß, daß man des Uebergangs kaum gewahr wird — ob er das Geheimniß besizt, die glükliche Situazion zu wählen, wo jeder musikalische Leser, sobald er darauf stößt, auch singen möchte — ob er also nur da singen läßt, wo gesungen werden muß, wo Gesang die Leidenschaft hebt, das Gemälde vollendet, die Täuschung erhöht, oder aber, ob er nicht vielmehr da und dort Gesänge hinflikt, wo sie nicht passen, Langeweile erregen, das Feuer auslöschen, die Handlung zerreissen, das und dergleichen gehört zur Kritik der einzelnen Gedichte. Richtig bleibt es indessen, daß der Operndichter nicht allein poetische, sondern vorzüglich auch musikalische Imaginazion haben muß. Er muß wissen, wie und wo die Musik wirken oder schaden müsse, und immer den vereinigten Effekt des Ganzen und der Theile vor den Augen und Ohren haben. Vom Dichter hängt es ab, den

Komponisten zu leiten; allein an Mangel von Einsicht, Beurtheilung, Kenntniß des musikalischen Effekts, und Uebersicht des Ensemble scheitern die meisten Operndichter, und daher kömmt es, daß es unter keiner Gattung Gedichte für die Bühne eine kleinere Anzahl gute giebt, als unter Opern.

Wirkung auf denjenigen Theil, der von der Sache Einsicht hat, bestimmt größtentheils den Werth eines Kunstwerks. Ich nehme nun an, daß eine Oper von Seiten des Dichters sowohl als des Komponisten die möglichste Vollkommenheit erhalten, daß die Direkzion an dem Innern und Aeusserlichen weder Mühe noch Kosten gespart, daß die Schauspieler nicht allein vortreffliche Sänger, sondern auch eben so gute Schauspieler sein, und das Orchester nichts zu wünschen übrig lasse, und bin überzeugt, daß jeder, dem die Natur ein Herz und gesunde Ohren dazu verliehen hat, die Oper immer unter die reizendsten Schauspiele zählen dürfe, ohne Gefahr zu laufen, seinen Geschmak in übeln Ruf zu bringen. Ich würde ihm sagen: Wohl dir, daß du ein gutes Trauerspiel, ein gutes Lustspiel, eine gute Oper, ein gutes Ballet zu unterscheiden, und – zu geniessen gelernt hast; beharre bei deinem Glauben, du gewinnst am meisten dabei!

Worinn aber die Oper eigentlich unsern Geschmak verderbe, kann ich meines Orts nicht entziffern. Wollte Gott, unsre Halbgenie's hätten unsern Geschmak und die ächte dramatische Kunst nicht durch ihre abentheuerliche Haupt- und Staatsakzionen verdorben! Wollte Gott, unsre Dichter wären in den

Gränzen unseres Jahrhunderts, und unserer täglichen Menschen, die sie kennen, geblieben, und hätten nicht in Gefilde geschwärmt, wo sie keine Spanne Landes kennen, und daher eine Menschenart hinstellten, wie sie nie existirt hat! Wir bedürfen so sehr eines Moliere's, eines Regnard's, eines Leßing's, und, wenn man will, eines Goldoni's, wir wollten aber geradenwegs lauter Shakespear's, lauter Göthe's haben — Melpomene sollte alleine am scheuslichen Male schwelgen, als ob sie eine Furie wäre; und wir hätten — nichts, wenn nicht Ifland und Schröder sich zuweilen noch Thaliens ein wenig erbarmten.

H. G. v. S\*.

# Theaterstükke.

**Adelheit von Rastenberg — Trauerspiel in fünf Aufzügen. 1788.**

Das Sujet ist aus den Ritterzeiten, und soll sich auf eine wahre Familiengeschichte gründen. Adelheit stirbt durch die Hand einer Nebenbuhlerin, nachdem diese schon vorher Gift zu sich genommen. Man sollte nun denken, das Stük wäre zu Ende; aber nein. Im fünften Akt findet sich nun erst noch die ehemalige Geliebte Rastenbergs, als Einsiedler metamorphosirt, und um die poetische Gerechtigkeit zu behaupten, und die lezte Szene noch mit einem Todesfall zu beschliessen, legt sie sich, nachdem sie ihren Geliebten und ihren Sohn umarmt hat, ebenfalls hin und stirbt. Die Ursache dieses schnellen Todes bleibt freilich ein Räthsel, aber — es ist ja ein Trauerspiel! und die tragischen Dichter haben ein altes angeerbtes Recht, mit ihren Personen so derb umzugehen, als sie nur immer wollen. Der Verf. war noch immer großmüthig genug, daß er die beiden Ritter bei Leben ließ; doch schikt er sie nach Palästina, um sich da zu Nuz und Frommen der heiligen Kirche die Köpfe abschlagen zu lassen.

---

**Die Männer der Republik — Lustspiel in zwei Aufzügen von Vulpius. 1788.**

Wie dieses Stük zu diesem Titel komme? begreifen wir nicht. Der Bürgermeister einer kleinen Reichsstadt giebt einen Maskenball; ein junger Avantürier kömmt ebenfalls dahin, thut seiner Tochter und Frau eine Liebeserklärung, so bündig und herzbrechend, als man sie kaum in Romanen findet, und wird zulezt als Sohn der Frau Bürgermeisterin, die hiebevor die Maitresse eines gewissen Herrn von -- war, erkannt, und in die Familie an- und aufgenommen. Was haben nun die Männer der Republik hiebei zu thun? Das Ganze ist ein Gemengsel von empfindsamen und komisch seinsollenden Situazionen, wobei der Ton oft wahrer Bombast wird, so daß man in Versuchung geräth zu glauben, der Verf. wolle seine Personen sich selbst parodiren lassen. Die Frau Bürgermeisterin ruft, z. B nachdem sie von der dreisten Zumuthung des jungen Edmund gegen ihre Tochter gehört hat, sehr pathetisch aus: „Wo war ich, als dies geschah? Wer hätte mir den Dolch entreissen können, wenn ich mit Mutterwut den Schändlichen mit tausend Dolchstichen durchbohrt, sein Eingeweide durchwühlt, und sein freches Herz zerrissen hätte? Ha! wie hätt' ich mich weiden wollen an den Qualen dieses Bösewichts! Himmel und Erde! mit blutiger Faust hätt' ihn selbst hinabschleifen wollen die dunkle Bahn des ewig finstern Orkus!"

Herr Vulpius sollte billig, um Vergebung für seine poetischen Sünden zu erlangen, ein Gelübde thun, künftig seine dramatischen Manuscripte nur an Käse- und Gewürzkrämer zu verhandeln!

## An H. Gr. v. Sp—r.

Du wanderst hin ins Paradies von Süden,
Zum Volk, das einst der Welt Gesezze gab,
Als noch für Freiheit Römerbusen glühten,
Noch Lorbeern rauschten um der Edlen Grab.

O gern stieg ich mit Dir die Alpen über,
Und betet' an im Tempel der Natur,
Und wandelte mit Dir am Strand der Tiber,
Und auf Präneste's schattenreicher Flur.

Durch unsre Seelen gieng ein heilig Beben
Auf jenem Boden, der die Numa's trug,
Und höher fühlten wir die Brust sich heben
Bei Brutus und bei Kato's Aschenkrug.

Zwar dieses Volk, das einst mit kühner Seele
Um Freiheit rang, keucht nun am Sklavenjoch,
Und giebt für Porzien und Mark Aurele
Uns izt nur Mönche und Kastraten noch.

Verwaist sind Tiburs Gärten, wo die Laute
Horazens beim gefüllten Becher klang;
Und auf dem Kampfplaz wächst nun Gras und
          Raute,
Wo Brust an Brust die Jugend Roms einst rang.

Und wo den Göttern oft von Rosenlippen
Gesänge tönten, Blumenkränze sie
Versühnten — beugt vor heiligen Gerippen
Der Weltbezwinger demuthsvoll sein Knie.

Die Nonne nährt izt der Vestalln Feuer,
Das oft in unbewachter Stund verlischt;
Das Kapitol ist alterndes Gemäuer,
Wo manche Natter im Gesträuche zischt.

Doch süß ists auch zu stehn an den Ruinen
Der Größe, zu erwekken jene Welt,
Wo Götter noch den Sterblichen erschienen,
Sich freundlich ihren Kindern zugesellt;

Wo Geistestirannei und Fürstenränke
Noch nicht den Flug der Kräfte unterdrükt,
Wo man noch nicht mit leerem Schulgezänke
Des Menschensinnes Lehren ausgeflikt;

Wo bei der Feste unentweihter Feier
Nicht kalter Zwang des Herzens Ausdruk band;
Die Grazie den rosenfarbnen Schleier
Selbst um des Volkes Lustgelage wand.

O göttlich ist der Traum von jenen Zeiten,
Wo noch der Mensch in Leidenschaft und Kraft
Ganz Mensch nur war, noch offen allen Freuden,
Und doch sein Nerv zu Thaten nicht erschläfft.

Wir leben nur ein schales Pflanzenleben,
Und haben kaum für Moden noch Gefühl!
Am Gängelband verjährter Sitte schweben
Wir Puppen gleich, und spielen unser Spiel.

Was frommt' uns auch der Drang der Riesen-
kräfte?
Ist Vaterland und Freiheit doch nur Schall —
Ein Schneckengang sind unsere Geschäfte,
Und unsre Weisheit — leerer Wörterschwall.

---

## Liebe.

Ich liebe dich! So lang dies Blut noch gähret,
Vertrocknet dies Gefühl auch nicht.
Ich liebe dich! und meine Liebe währet,
Bis einst dies Herz im Tode bricht.

Du liebest mich! Gern tausch ich Rang und Ehre
Um einen warmen Kuß von dir.
Du liebest mich! wenn alles ich entbehre,
Giebt deine Liebe alles mir.

Wir lieben uns! Mag unser Leben schwinden,
Die Liebe hüllt das Grab nicht ein.
Wir lieben uns! und werden dort uns finden,
Und stets vereint und glüklich sein.

---

Ich ersuche die Beförderer dieser Schrift, sich innerhalb acht Tage zu melden, damit wegen Druk und Papier die nöthigen Anstalten getroffen werden können.

d. H.

# Tagebuch
## der
## Mainzer Schaubühne.

### XIII. Stük.

Frankfurt am 17ten des Brachmonats 1788.

Gestern sah ich. — Natur und Liebe im Streit von d'Orien. Das Stük selbst ist sehr mittelmäßig, aber es gewann durch die Aufführung.

Koch als Capacelli leistete alles, was der Dichter und Kritiker von ihm fodern konnten. Er spielte mit einer Haltung, und dabei mit einer Mannigfaltigkeit der Darstellung, die den Künstler verräth, der Studium und Einsicht mit Geist und Anlage verbindet. Am liebsten sah ich ihn in den Szenen des feierlichen Ernstes, und da, wo sein unbändiges Feuer halb unterdrükt von Klugheit aus seinen Ueberredungen und Grundsäzzen hervorloderte. — In der ersten Szene mit der Olimpia, in der Szene mit dem Prinzen auf seiner Villa, und kurz vor seiner Entsezzung und Verbannung. In Augenblikken der alles überströmenden Wut thut Kochs Organ ihm und dem Zuhörer sehr wehe. — Wenn ein solcher Schauspieler eine solche Rolle spielt, dann werden wie auf einem hellen Spiegel, alle, auch die kleinsten Flekchen und Bläschen sichtbar, die in dem Werke des Dichters liegen \*), und die der Schauspieler begeht,

---

\*) Es giebt Mängel des Dichters, die keine Darstellung vermindern kann; aber es giebt noch mehrere, die der

und begehen muß, weil er nicht gegen die Natur kann, wie dies mit Kochs Organ der Fall ist. Ich halte dafür, jeder Dichter, der für die Bühne schreibt, solte sein Stük — bevor er's der Presse übergiebt, erst auf dem Theater mitansehen; manches würde so ungedrukt bleiben, und manches mit grosen Veränderungen erscheinen.

Madame Fiala war Olimpia. Mit dieser Olimpia bin ich gar nicht zufrieden; ich gönne ihr nicht den glüklichen Ausgang ihrer Intrike; ihre Tugend sieht mir höchst zweidentig aus neben der Tugend der Konstanze. — Wie ganz andere Wirkung thut im ähnlichen Falle Grimaldi neben der Malers Tochter im teutschen Hausvater? Man bewundert die erste, und der leztern gönnt man ihr Schiksal mit inniger Theilnahme. Hier ist es umgekehrt, man bewundert hier, man wird höchst interessirt für die weiche schöne, tugendhafte Seele der Konstanze, und blikt weg von ihrer ränkvollen Nebenbuhlerin, die zu den Füssen eines fremden Mannes um Hilfe wimmert. Der Dichter verfehlte ganz seinen Zwek; er wolte die Pflicht siegen lassen über die Liebe, und dachte vermuthlich diesen Sieg recht glänzend zu machen, wenn er der Geliebten des Prinzen alle Vorzüge, seiner Gatin nur wenige gäbe. Glänzend ist dieser Sieg als-

---

Schauspieler verhüten oder wenigstens mildern kann und mus. Freilich die Herrn die ihr Studium im Memoriren ihrer Rollen sezen, werden den Dichter noch allemal mehr entstellen, aber dafür werden sie auch nie auf Kunstgefül und Einsicht, nie auf den Nahmen des Schauspielers Anspruch machen können.

d. H.

lerdings, aber auch chimärisch; der Prinz kann sich unmöglich zu Olimpien hinneigen, wenn er nichts bei ihr findet, was ihn anzieht. Stilles Dulden der Unschuld, Tugend, die sich in ihren Leiden mit dem Bewußtsein tröstet, nicht murrt über ihre Schicksale, jeder Prüfung sich hingiebt, deren Herz im Stillen bricht — wäre dies Olimpiens Bild, wir würden unsre Theilnahme ihr nicht versagen, die Entschliesung des Prinzen nicht überspannt finden. Uebrigens machte M. Fiala aus dieser Rolle alles, was daraus zu machen war. Sie hat einen sehr anziehenden Ton des Kummers, und heuchelt nicht blos Empfindung. Nicht so gut, als Szenen der innigen Rührung und der weinenden Liebe gelingen ihr die der erhabenen Feierlichkeit, oder Szenen der Wut. Der Auftritt, worin sie einem Soldaten das Schwert entreißt, um den Ruggiert zu ermorden, that gar keine Wirkung.

Konstanze war Madame Böheim. In der ersten Szene mit dem Prinzen blieb Herr Mattausch etwas stecken, und das mag die Ursache sein, warum sie nicht ganz gelang. Aber vortreflich spielte sie alle übrigen Szenen und unverbesserlich die lezten Szenen des 5ten Akts; jede ihrer Gebehrden, jede der kleinsten Bewegungen verrieth den grosen Kampf, den diese schöne, himmlische Mädchenseele kämpfte, den Kampf zwischen Tugend und Leidenschaft. Das größte Verdienst, das M. Böheim um diese Rolle hat, ist, daß sie davon bis zum Afelt durchdrungen scheint; es entgeht ihr auch nicht die geringste Nüanze, sie ist von Anfang bis zu Ende sich völlig, und in allen Kleinigſeſten durchaus gleich. Meines Dünkens iſt Konſtanze die vorzüglichſte Rolle der Madame Böheim. Ihr Lob wiederhallte heute im ganzen Schauſpielhauſe.

Herr Böheim war Roderich, das heißt, der Greiß, der Vater Roderich, dem die Siege ſeines Sohnes, und deſſen Verbindung mit Konſtanzen, ſo wie ſeine Verirrungen und ſein Ungehorſam, und zulezt die Tugend Konſtanzens und der Anblik ſeiner Enkel viele, viele Thränen auspreſſen; aber Roderich der Fürſt, der groſe Roderich war er nicht; dazu fehlte ihm Majeſtät, Anſtand und Würde.

Herr Stegmann war Rugieri, der tapfere, muthige, ehrwürdige, alte verdiente Krieger Rugieri, den mehr Capacelli's eiferſüchtiger, kränkender Ehrgeiz, als ſeine Lorbeern zu ärgern ſcheinen. Herr Stegmann hat redlich das Seinige darzu beigetragen, daß das Stük ſo gut ausfiel.

Von Herrn Mattauſch weis ich Ihnen nichts zu ſagen, als daß er den Prinzen ſpielte, und neben ſeinem Vater auf dem engen papiernen Throne, den der Theatermeiſter nur für eine Perſon zugeſchnitten hatte, erbärmlich ausſah, einmal ſteken blieb, und wie ich glaube, eine undankbare Rolle am allerwenigſten dem Dichter zu Danke ſpielte, — denn er ſah weder zu den Siegen, die man von ihm rühmte, noch zu den Kindern der Olimpia als Vater aus, ſo wie M. Fiala, als ſeine Geliebte zu alt für ihn ausſah.

Von den übrigen Herrn und Damen sage ich Ihnen nichts, — weil ich Ihnen nichts von ihnen zu sagen weiß.

## Epilog
beim Schluß der Schaubühne zu — im Herbst 1787.

Zum leztenmal — vieleicht auf eine kurze Zeit,
Vieleicht auf immer — sehen wir uns heut.
Dies ist der Menschheit Loos! ein Morgentraum von
Glükke
Täuscht uns auf wenig Augenblikke,
Wir wähnen uns so seelig, aber kaum
Erwachen wir — und weg ist Glük und Traum.

Doch wol uns, wenn auch unser schwaches Spiel
Euch Augenblikke nur verkürzte,
Des Lebens Einerlei mit süsser Wehmut würzte,
Und hier und da das schlummernde Gefül
Des Guten und des Schönen wekte;
Wenn Marianens *) brechend Auge Euch
Zurük vom Opfer eurer Kinder schrekte,
Lanassa's Jammer, als sie bleich
Am Holzstoß bebte, tief in Eure Herzen
Den Abscheu grub vor frommer Schwärmerei
Schön ist die Thräne, die bei andrer Schmerzen
Dem Aug entquillt! nennts nicht Empfindelei
Dies schöne Band, womit der Schöpfer Seelen,
Wie mit der Schwerkraft Körper eint:

---

*) Mariane, Trauerspiel von Gotter.

Wem leise Zähren sich vom Auge stehlen,
Wenn zwischen öden Mauern Blanka\*) weint,
Der wird auch bei des Bruders Leiden
Nicht fühllos sein, ihm bieten seine Hand;
Mutwillg nicht des Lebens schönste Freuden
Zerknillen, trennen nicht, was die Natur verband.

   Auch unter Euch, Ihr Theuren! fanden
Wir schöne Seelen dieser Art,
Die der Empfindung leisen Ton verstanden,
Ihr Herz für eblere Gefüle aufbewahrt,
Als die beim scythischen Gelärm der Bachanale,
Und bei der Kaffeetische fadem Scherz,
Und bei dem Klange geistlicher Pokale
Die gröbern Sinne füllen — nicht das Herz.
Und Euer Beifall — Eure stillen Thränen
Und Euer Lächeln sind uns Lohns genug,
Wenn uns des Trosses Vorurteile höhnen,
Wenn Fanatismus sich und Priestertrug
Zu unsrem Untergange schlau verbinden,
Zur Maske brauchen dich Religion,
Getrost! vieleicht wenn wenig Jahre schwinden,
Liegt auch gestürzt von seinem Bretterthron
Das Vorurteil; Geschmack und Warheit siegen,
Ihr baut Thalien einen Tempel hier,
Genießt des Lebens ebleres Vergnügen,
Und späte Enkel segnen Euch dafür.

   Nehmt bis dahin aus unsrem Herzen
Den besten Wunsch für Euer Glük!
Gebt uns den Trost in unsrer Trennung Schmerzen.
Und denkt zuweilen noch an uns zurük.

---

  \*) Im Julius von Tarent.

Wenn ach, izt bald in dunkler Ferne
Umsonst dies Auge nach Euch sucht,
Und einsam nun das Mädchen, das so gerne
Bei Euch gewandelt, weint der schönsten Stunden
Flucht.

Vieleicht bringt einst in bessern Tagen
Mein Schicksal mich zurük, an Eurer Hand,
Vergeß' ich dann des Lebensplagen,
Und finde hier mein zweites Vaterland.

### Berichtigungen.

Von den Briefen über die Koblenzer Bühne ist mir das zweite Heft zugekommen. Der Verf. bleibt sich so ziemlich gleich, er entlehnt seine Bemärkungen meistens aus bekannten Schriftstellern, aus Lessing, Sonnenfels u. a. m. kann aber doch immer unter seinen Landsleuten einigen Nuzzen stiften. Einzelne Urtheile und Nachrichten scheinen mir einseitig und unrichtig, und ich werde sie daher mit eben der Freimüthigkeit, die ich bei der Prüfung der ersten Sammlung zeigte, zu berichtigen suchen.

Im 14ten Briefe sucht er das rührende Lustspiel gegen die Franzosen zu rechtfertigen, und stüzt sich dabei auf Sonnenfels. Aber dieser vermischt das rührende Lustspiel mit dem bürgerlichen Trauerspiel, und sucht das lezte auf Kosten der heroischen Tragödie zu erheben. Wären seine Gründe auch triftiger und einleuchtender, als sie nicht sind, so hätte doch die weinerliche Komödie, wie unsre wizigen Nachbarn sie nennen, noch nichts dabei gewonnen. Mich dünkt, es komme bei diesem Streit einzig und allein auf die Frage an: Ist das rührende Lustspiel dem Zwek der dramatischen Darstellung nicht entgegen? Dies wird wohl Niemand behaupten können, der bedenkt, daß Menschendarstellung überhaupt Zwek der Bühne ist, daß manche Begebenheiten im täglichen Leben vorfallen, die ernsthaft sind, ohne tragisch zu sein, und ganz der dramatischen Behandlung fähig. Die Folgen von manchen Ausschweifungen und Thorheiten sind oft interessant und lehrreich, wenn sie auch gerade nicht zum Selbstmord oder Schafot führen, und Niemand wird dem Vetter aus Lissabon, den Mündeln, dem deutschen Hausvater und verschiedenen andern Stükken, die in diese Klasse gehören, dramatische Wirkung absprechen wollen.

In dem 15ten Briefe untersucht der Verf. die Frage, welche Gattung von Schauspielen fähig sei, den größten Nuzzen zu stiften, und entscheidet für das rührende Schauspiel und Trauerspiel. Sein Hauptargument ist zu merkwürdig, als daß ich es meinen Lesern vorenthalten könnte. „Das eigentliche Lustspiel, sagt er, darf uns keinen alltäglichen Menschen vorstellen; nicht einmal einen gemeinen Narren, sondern einen Erznarren, einen Erzdummkopf, einen listigen verschlagenen Burschen von nicht gemeiner Art; mit einem Worte: Barrikatur. — Was ist die Folge? daß sich Niemand zu dem Bilde bekennen wird, u. s. w. Anstatt daß also das eigentliche Lustspiel theils durch Scham, theils durch Bewunderung besserte, glaube ich vielmehr, daß der Fall umzukehren seie, und beides nur durch das rührende Lustspiel und das bürgerliche Trauerspiel erzielt werde ꝛc."

Herr M. hat einen sehr sonderbaren Begriff vom Lustspiel, ihm ist Possenspiel und edlere Komedie eins. Bramarbas und der Ehescheue, der schwarze Mann und der Westindier gehören doch wol nicht in eine Klasse? Karrikatur und das feine Komische sind doch nicht eins und dasselbe? So wenig als Erzdummheit (ich bediene mich der Kraftausdrükke des Verf.) und Erzverschlagenheit, die er beide von dem Helden seines Lustspiels fodert, Eigenschaften des nehmlichen Subjekts sein können.

Ich glaube indessen selbst, daß das Schauspiel und Trauerspiel einen höhern moralischen Nuzzen zu bewirken fähig ist, als das feinere Lustspiel, nur gründet sich meine Meinung auf eine ganz andere Bemärkung. Das Lustspiel geisselt die Thorheiten der Menschen, das Lächerliche in ihren Sitten; ihre Laster, die nie ein Gegenstand des Spottes sein können, — nur Mitleid und Abscheu verdienen, gehören für das Schauspiel und Trauerspiel, und hieraus ergiebt sich denn auch einleuchtend genug, daß der Einfluß der leztern auf die moralische Bildung um so bedeutender sein müsse, je wichtiger Laster vor Thorheit ist.

Im 16ten Brief wird der Verf. der Operette *Midas* getadelt, daß er das Kostum, die Sitten des Zeitalters dem Lachen aufgeopfert habe. Dieser

Tadel würde gerecht sein, wenn uns der gedachte Schriftsteller ein ernsthaftes Schauspiel hätte geben wollen; da aber komische Darstellung sein Zwek war, so waren ihm auch alle mögliche Anachronismen erlaubt. Ich habe wenigstens Blumauern noch nicht tadeln hören, daß er seinen frommen Aeneas in die Messe gehen und sich nach Loretto verloben läßt. Man solte einen Schriftsteller nie anders, als nach seinem Zwekke beurtheilen.

In einem der folgenden Briefe wird die Lästerschule Schröder'n beigelegt, da sie doch, meines Wissens, von Leonhardi für unsre Bühne bearbeitet ist. Ich schliesse hiemit eine Arbeit, die zu den unangenehmen und undankbaren gehört. Zwar — wer solte es einem auch Dank wissen, wenn man ihm seine Fehler zeigt?

---

## Theaterschriften.
Annalen des Theaters. Erstes Heft. Berlin 1788.

Herr Kriegsrath Bertram in Berlin sezt unter diesem Titel seine Ephemeriden der Litteratur und des Theaters fort, nur daß er sich jezt einzig auf das Theater einschränkt, und die übrigen Gebiete der Litteratur vorbei geht. Es ist allerdings ein nüzliches Unternehmen, von den vielen zerstreuten Bühnen Deutschlands Nachrichten zu liefern, und so einen Thermometer aufzustellen, an dem sich das jährliche Steigen und Fallen des Geschmaks in den verschiedenen Provinzen einigermassen bemessen läßt. Es kömmt aber hiebei hauptsächlich auf Zuverläßigkeit und Einsicht der Korrespondenten an, und gerade diese Eigenschaften scheinen uns in den vorliegenden Blättern bisweilen zu fehlen. Es wird des Weihrauchs zu viel gestreut; die Urtheile sind meistens zu allgemein, und befriedigen ausser Personalität und Neugier nur wenig und Wenige. Besonders sólte Herr Bertram in der Aufnahme der Gedichte weniger gefällig sein. All unsere ephemerischen Blätter sind mit mittelmäßigen und schlechten Poetereien überschwemmt, warum will er auch sein Journal mit diesem Unrathe beflekken?

Dieses erste Heft enthält — ausser einigen Gedichten, worunter sich Schlossers schöner Epilog auszeichnet — Gallerie der Wiener Schauspieler; über theatralische Vorstellungen; Briefe das Berliner, Hamburger, Mannheimer ꝛc. Theater betreffend. Daß der Herausgeber in den Nachrichten von dem lezten das Tagebuch des Major v. Trierweiler abdrukken läßt, ist ihm nicht zu verzeihen, da dasselbe so partheiisch und zugleich ohne alle Sach= und Sprachkenntniß abgefaßt, so ganz unter aller Kritik ist. Herr Prof. Klein wäre allenfals der Mann, der ihm das Beste über die Mannheimer Bühne liefern könnte.

---

## Im Frühling 1786.

Lieblich malt des Abends Purpurröthe
Meine Bäume und das kleine Thal,
Und es mischet zu des Hirten Flöte
Ihre Töne Freundin Nachtigall;

Und der Kirschbaum streuet seine Blüte
Gleich des Winters Flokken, auf die Flur;
Ruhe tönet rings in jedem Liede,
Ruhe winkt die schlummernde Natur.

Aber mir kömmt keine Ruhe wieder,
Mich erquikket nicht der Blumenduft;
Ungerührt hör ich der Lerche Lieder,
Wenn der Morgen mich ins Grüne ruft.

Und es lächelt dort im sanften Schimmer
Ach umsonst! der Mond auf mich herab;
Meine Ruhe bringet er mir nimmer,
Denn er scheint auf meiner Lilla Grab.

---

## Warnung.

Mädchen flieh,
Wenn die Liebe winkt!
Mädchen flieh,
Wenn auch sie
Noch so reizend dünkt.

Rosen gleich
Blüt ihr kurzes Glük.
Rosen gleich,
Läßt sie euch
Nur den Dorn zurük.

## Ende.

# Innhalt.

**Erstes Stük.** Zuschrift an das Publikum. Ueber das Theaterwesen in Teutschland. Was ist Natur auf der Bühne. Ueber Hamlets Karakter. Mädchenlehren.

**Zweites Stük.** Sollen die Geistlichen das Schauspiel besuchen. Was ist der Unterschied zwischen Kunst und Laune. Welches ist der wahre Anstand auf der Bühne. Können französische Trauerspiele gefallen. Tagebuch der Mannheimer Bühne. Die Mitschuldigen. Mädchen und Mädchen.

**Drittes Stük.** Ueber den Rollenneid. Ist Händeklatschen oder algem. Stille der schmeichelhafteste Beifall. Szenen aus Liebe und Rechtschaffenheit. Ueber Kabale und Liebe. An den Rhein.

**Viertes Stük.** Ueber die Frankfurter Aufführung der Räuber. Plan zu einem stehenden Theater in Mainz. Sol der Schauspieler in komischen und tragischen Rollen wechseln. Ueber Nina. Mein Wunsch.

**Fünftes Stük.** Ueber Schauspielerprädikate. Ueber Kabale und Liebe — Beschluß. Wer solte bei dem schönen Wetter ins Theater gehn? An die kleine Cezilie. Koch,s Rede bei seinem Debüt in Frankfurt. Abgang von Herrn und Mad. Unzelmann. Hochheim.

**Sechstes Stük.** Aufführung der Liebe unter den Handwerksleuten und des Otto von Wittelsbach in Mainz; des Rings und des Mädchens von Freskati in Frankfurt. Cuenna. Plan zu einer Bühne in Mainz — Beschluß. Das Mädchen im Frühling.

**Siebentes Stük.** Vorstellung des Vetters aus Lissabon, der glüklichen Ehe, des Alexis, der Heirath durch ein Wochenblatt. Der Magnetismus von Island. Tugendprobe von demselben. An Hensels Schatten. Die Karthause. An das Publikum. An einen Aristarchen.

**Achtes Stük.** Fiesko. Welches Publikum ist das Beste. Ueber das versifizirte Schauspiel. Apologie der wandernden Gesellschaften. An ein nicht schönes Mädchen. Noch ein Wort an das Publikum.

**Neuntes Stük.** Vorstellung des Räuschgens und des betrogenen Geizigen. Die Väterschule vom Graf v. Spr. Berichtigung der Briefe über die Koblenzer Bühne. Die Unsterblichkeit. ⸻

**Zehntes Stük.** Vorstellung des doppelten Liebhabers, des Findlings, der Heirath durch ein Wochenblatt und Heinrichs IV. Berichtigung der Koblenzer Briefe — Beschluß. Die Unsterblichkeit. Gespräch.

**Eilftes Stük.** Fragment über die Oper. Vorstellung der Mina von Barnhelm in Frankfurt. Fernando und Leonore. Die Unsterblichkeit — Beschluß. Den Manen meiner B. gewidmet. An Rousseaus Grabe.

**Zwölftes Stük.** Ueber die Oper — Beschluß. Adelheit von Rastenberg. Die Männer der Republik. An den Grafen v. Spr. Liebe.

**Dreizehntes Stük.** Vorstellung von Natur und Liebe im Streit in Frankfurt. Epilog. Ueber das 2te Heft der Koblenzer Briefe. Theaterschriften. Im Früling. Warnung.

---

Diese Schrift wird künftig unter dem Titel: dramaturgische Blätter nach dem bisherigen Plan ununterbrochen fortgesetzt.